장자의 비움 공부

장자의 비움공부

비움을 알아간다는 것

인문학자 조희 지음

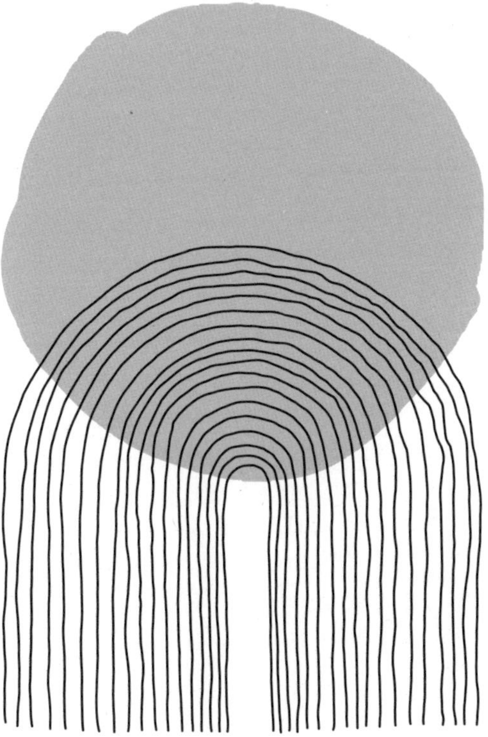

RITEC CONTENTS

세상은 꿈과 같은 것

"내가 꿈속에서 나비가 된 것일까.
아니면 꿈속에 내가 있었던 것일까."

장자는 꿈속에서
나비가 되었다.

그런데 나비가 장자가 된 것인지
아니면 장자가 잠깐 나비가 되었는지

구분을 못하겠다는 것이다.

꿈과 현실은 맞닿아 있다.

우리는 현실에
너무 집착할 필요가 없다.

현실 세계는
한바탕 꿈과 같기
때문이다.

이 모든 것은
비움의 공부를 통하여
알아갈 수 있다.

C
C
H

비움

"비움을 알아간다는 것"

저는 〈장자〉를 처음 읽었을 때의 기쁨을 아직도 잊지 못합니다. 세상 만물이 꿈에 불과하다는 그의 주장과 구부러진 나무처럼 쓸모없는 것이 유용하다는 가르침은 성공을 강요하는 사회의 압박에서 저를 자유롭게 해 주었습니다. 또 통쾌함도 주었습니다. 나는 그대로 온전하고 온전한 것이다 라는 안도감과 함께 정글 같은 세상 속에서 잘 살아갈 수 있을 것이라는 믿음이 생겨나곤 했습니다.

물론 〈장자〉는 쉽지 않습니다. 원문을 읽으면서 느꼈던 난해함을 알기에 이 책은 대중과의 접점을 이룰 수 있도록 읽기 쉽게 썼습니다. 저는 학문의 영역으로 장자를 대하지는 않았습니다. 그것보다는 현실을 살아가는 실존적인 상황 속에서 장자의 어떤 말이 어떤 가르침을 줄 수 있는지 그 현실적인 가르침을 원했습니다. 먼 시대를 지나서 아직까지도 유용한 그의 말에 저는 깨달음의 박수를 칠 수밖에 없었습니다.

저는 이런 장자의 가르침이 현대인들에게도 유용할 것이라고 확신합니다. 유교적인 철학 속에서 괴로워했던 내가 장자를 만나 마음이 편해졌듯이 그들 역시 능력 쌓기에 앞장서는 사회 분위기 속에 괴로워하지 않고 참된 자유를 만날 것임을 확신합니다.

장자의 핵심 철학은 비움입니다. 스펙쌓기에 몰두하고 있는 젊은이에게는 조금 낯설 수도 있겠습니다. 하지만 이런 장자의 철학은 현대의 젊은이들을 구제할 수 있습니다. 중요한 것은 쓸데없는 것들로 내면을 채우는 것이 아닌 자신의 본연의 마음과 만나는 비움을 통해 한 단계 더 성숙한 사람이 될 수 있는 것입니다.

애초에 비우라는 장자의 가르침은 아무것도 하지 말라는 뜻이 아닙니다. 자신의 개성과 특징에 맞는 자신만의 것을 발견해 가꾸라는 뜻으로 해석할 수 있는 것입니다. 그것은 스펙쌓기의 한 줄 세우기가 아닌 자신만의 only one을 발견하는 길이 되는 것입니다.

그런 면에서 장자의 철학은 공자와는 다릅니다. 배움을 강조하는 공자가 당신을 압박한다면, 비움을 중시하는 장자는 당신에게 휴식을 줄 것입니다. 이 책을 통해 당신은 장자의 비움의 철학을 배울 뿐 아니라 세상 속에서 자신을 어떻게 포지셔닝할 것인가에 대한 해결책도 찾을 수 있을 것입니다.

모쪼록 저자의 이런 노력이 무위에 끝나지 않도록 이 책에 나온 내용을 자신만의 것으로 만들어 현실을 바꾸어 갔으면 합니다.

조희

· 차 례 ·

2부 장자, 비움의 통찰

3부 장자, 비움의 창작

1부

장자, 비움의 공부

01

꿈속에서 나비가 되다

어느 날, 장자는 꿈속에서 나비가 되었다. 훨훨 날갯짓하며 창공을 기분 좋게 날아다니느라 미처 자신이 장자라는 사실을 알아차리지 못했다. 그러다 홀연히 잠에서 깨고 보니 자신으로 돌아와 있었다. 이윽고 장자는 기괴한 생각에 잠겼다.

"내가 꿈속에서 나비가 된 것일까. 아니면 꿈속에 내가 있었던 것일까."

이 이야기는 유명한 장면이다. 꿈속에서 장자가 나비가 되었는데, 나비가 장자가 된 것인지 아니면 장자가 잠깐 나비가 되었는지 구분을 못하겠다는 것이다.

이 꿈 이야기에는 장자 철학의 핵심인 '만물 제동', '물아일체' 정신이 고스란히 담겨 있다. 만물 제동은 모든 사물은 다르지 않다는 뜻이고, 물아일체는 자연에 깊이 빠져든 경지를 말한다.

우리가 꿈속에서 호랑이에게 쫓긴다고 생각해 보자. 하지만 꿈만 깨면 모든 것은 망상에 지나지 않는다. 이처럼 꿈속에서의 일은 현실과는 전혀 상관없는 일이다. 하지만 꿈속은 생생한 경험이기도 하다.

꿈과 현실은 맞닿아 있다. 현실에서 왕으로 살고 꿈속에서는 거지로 사는 사람이 있다고 하자. 그런 사람은 현실에서 거지지만 꿈속에서는 왕으로 사는 사람과 다를 바 없는 것이다.

장자는 이런 꿈을 사례로 들어서 꿈속이 맞는지 현실이 맞는지를 물어 보았다. 이는 현실 세계가 한바탕 꿈과 같다는 주장이 아닐까?

이러한 사실을 안다면 우리는 현실에 너무 집착할 필요도 없고, 악몽을 꾼다고 걱정할 것도 없다. 그 둘은 모두 하나이기 때문이다.

02

욕망은 꿈과 같은 것
_허유의 삶에 대한 태도

숲속에 둥지를 튼 뱁새에게 필요한 것은 숲 전체가 아니라 나뭇가지 하나이며, 두더지는 황하의 물을 마실 때 강물 전체가 아니라 자기 배를 채울 만큼만 마신다.

"임금이시여 이제는 그만 돌아가십시오. 나는 천하를 가지고 할 일이 아무것도 없습니다."

왕이 된다는 것은 무엇이든 내 마음대로 할 수 있다는 것이다. 재산이나 군사, 하인들까지도 마음대로 가질 수 있다. 그런데도 허유는 그 자리가 싫다고 도망을 쳤다. 왜 그랬을까?

그것은 자신의 분수에 맞지 않다고 생각했기 때문이

다. 하지만 그는 책임을 회피하며 비겁하게 도망친 것은 아니다. 자신의 원래의 마음과 맞지 않아서 그것을 거부한 것뿐이다.

당신도 꿈이 있을 것이다. 내일 당장 그 꿈을 이뤄준다면 그 제안을 받아들일 것인가? 백이면 백, 그것을 받아들일 것이다. 하지만 허유 같은 사람은 그 제안을 받아들이지 않을지도 모른다. 자신의 노력과 힘이 들어간 꿈이 아니기 때문이다.

세상에는 공짜가 없다. 누군가 자신에게 아무 이유 없이 혜택을 준다면 그것을 받아들이지 않는 것이 좋다. 왜냐하면 그 이유가 분명히 있기 때문이다. 예를 들어, 응모도 안 한 무료 경품에 당첨되었다고 연락 오는 경우가 있다. 하지만 그것이 정말 무료일까? 역사적으로 공짜는 항상 그 대가를 지불해 왔다.

허유의 태도에서 배울 수 있는 점은 무엇일까?

그것은 분수를 안다는 데 있다. 적은 것으로 자족하며 만족하며 살아가는 태도인 것이다. 현대 사회는 욕망덩어리이다. 서로의 욕심을 채우기 위해 사람들은 분주히 움직인다. 그 욕망이 잘못된 것은 아니지만, 욕망만을 추구한다면 사회는 추악해지고 말 것이다.

자신의 욕망만을 추구하는 것이 아니라, 자신의 분수를 찾아 행복한 삶을 찾아갈 때 우리의 인생은 다툼과 경쟁이 아닌 진정으로 행복한 삶으로 바꾸어 나갈 수 있을 것이다.

03

어떻게 쓰느냐에 따라 운명이 정해진다

"비방은 하나지만 쓰임에 따라 사람의 운명이 좌우되기도 합니다. 다섯 석짜리 큰 박을 배로 만들어 강이나 호수에 띄울 생각은 하지 않고, 펑펑하여 소용이 닿지 않는다고 부쉈다니, 그대의 옹졸한 행동이 안타까울 따름입니다."

살아가면서 중요한 것은 안목이다. 안목은 남이 바라보지 못한 것을 바라볼 줄 아는 능력이다. 다이아몬드도 그것을 보석으로 바라보는 안목이 없으면 한낱 돌덩어리일 뿐이다. 어떤 사람의 운명도 마찬가지다. 사람이 어떻게 쓰이느냐에 따라 그 지위와 성패가 좌우되기도 하기 때문이다.

우리는 두 가지를 잘해야 한다.

첫째는 자기 자신을 바라보는 안목이다. 자기 자신에 대해서 얼마나 잘 알고 있는가? 손자는 손자병법에서 '지피지기면 백전백승'이라고 하였다. 자신을 잘 아는 사람은 패하지 않는다.

둘째는 타인을 잘 알아보는 안목이다. 군자는 남이 자신을 알아주기를 바라지 않고 자신이 남을 알아보지 못함을 경계한다는 말을 했다. 이 말처럼 타인의 능력과 재능을 알아볼 줄 아는 안목을 지녀야 더 큰 목표를 이룰 수 있다. 세상은 더불어 사는 것이기 때문이다.

이렇게 남과 자기 자신을 잘 아는 사람은 무슨 일을 하든지 형통하겠고, 어떤 길을 걸어가든지 평탄한 길이 될 것이 분명하다.

04

세상에
쓸모없는 것은 없다

혜자가 장자에게 말했다.

"사람들이 가죽나무라고 부르는 큰 나무가 있습니다. 큰 줄기는 굴곡이 심하고 잔가지는 너무 구부러져 아무짝에도 쓸모가 없습니다. 이 나무처럼 당신의 주장도 크기만 하고 아무 쓸모가 없어서 사람들에게 외면당하고 있다는 것을 아셔야 합니다."

혜자의 말이 끝나자 장자가 자신의 생각을 말했다.

"그대는 살쾡이라는 짐승을 본 적이 있지요? 살쾡이란 놈은 몸을 최대한 낮춘 채로 작은 짐승

들을 노리거나, 먹이를 찾아 사방을 뒤지고 다닙니다. 그러다가 덫이나 그물에 걸려 잡혀 죽기도 합니다.

그런데 저 검은 소는 큰 덩치 때문에 쥐 한 마리도 잡지 못합니다.

그대에게 쓸모없는 큰 나무가 걱정이라면 그것을 사람들의 관심에서 벌리 떨어진 너른 들판에 심어 놓고 그 그늘 아래서 낮잠이나 자는 편이 나을 것입니다. 이 큰 나무는 세상의 관심과 소용에서는 멀어졌으나 해를 입을 걱정에서도 멀어진 것이지요."

혜자가 장자에게 구부러져 쓸모없는 나무와 같다고 비웃자 장자는 그 나무를 쉼터로 활용하는 게 어떠냐며 반문하고 있다. 속세의 관점에서는 쓸모없으나 오히려 그 쓸모없음의 유용성을 확인할 수 있는 것이다. 또한 세상 속에서 부림 받다가 몸을 다치는 일도 없이 오히려 속세를 벗어나 해를 입는 것에서도 벗어날 수 있다고 장자는 말한다.

당신도 좋은 회사에 가서 많은 일을 하고 돈을 많이 버는 게 성공하는 것이라고 생각하고 있는가? 장자의 생각은 그것과는 다르다. 일의 노예가 되어 세상에서 부림받다가 오래 살지 못할 수도 있으니 말이다.

장자는 자연 속으로 들어가 자연과 하나가 되는 삶이야말로 가치 있는 삶이라고 하였다. 이 가르침은 그 옛날에도 의미가 있었지만, 도시가 발달한 지금에도 의미가 있다.

지금도 가끔 세상을 버리고 산 속에서 들어가서 사는 사람들이 있다. 그 사람들은 생활이 불편할지는 몰라도 자유롭고 평화롭게 살아가고 있다.

당신은 어떤 삶을 살고 싶은가?

장자의 가르침에 따른다면 자연을 가까이 하는 것도 나쁘지 않을 것이다. 아무리 부와 명예를 이루어도 건강을 잃으면 돌이킬 수 없고, 사람은 자연 속에서 살도록 만들어졌기 때문이다.

05

죽음은 두려운 일이 아니다

"살아 있는 것을 기뻐하는 것은 어리석음일 뿐이다. 사람이 죽음을 멀리하는 것은 어렸을 때 떠나온 고향에 돌아가지 않으려는 것과 마찬가지다."

여희는 애라는 고장을 지키는 관리의 딸이었다. 처음 진나라에 끌려와서는 눈물로 옷깃을 적셨지만, 왕의 사랑을 받으며 호화로운 궁궐에서 산해진미를 먹게 되자 전의 행동을 후회했다. 이와 마찬가지로 죽은 사람들이 삶에 대해 집착하리라는 보장 또한 없는 것이다.

사람들은 살아 있는 것을 축복으로 여긴다. 하지만 막상 죽고 나면 죽은 것을 더 기뻐하지 않을까? 육신을 보존하며 산다는 것은 크나큰 고통이 될 수도 있다.

장자는 비유를 통해 이를 설명하고 있다. 고향을 떠날 때는 걱정으로 눈물을 흘렸지만, 좋은 옷과 음식을 먹게 되자 그 행동을 후회했다. 우리가 죽음을 대하는 심정도 그런 심정이 아닐까.

우리가 유령이나 귀신을 대하는 태도도 이와 마찬가지다. 우리는 귀신이나 유령이 어떤 존재인지 모르기 때문에 두려워한다. 이처럼 사람들의 태도는 잘 모르기 때문에 잘못 반응하는 것들이 많다. 관리의 딸도 궁궐로 끌려가자 궁궐이 어떤 공간인지 몰라 슬퍼했지만, 나중에는 궁궐의 화려한 생활에 예전의 행동을 후회했다.

우리들 인생은 어떻게 될지 모른다. 지금 갖고 싶은 것을 가지지 못해서, 이루고 싶은 것을 이루지 못해서 죽을 때까지 불행하지는 않을 것이다. 반대로 지금 이룬 것을 나중에도 기뻐할 수 있을지는 아무도 모르는 일이다.

그러니 쉽사리 슬퍼하거나 기뻐하는 것은 자칫 인생의 함정에 빠지게 만들 수 있다. 죽음도 마찬가지다.

06

뒤집어 보는 세상

"세상에는 짐승의 가을 털끝보다 큰 것이 없으며 그 가운데 태산이 가장 작다. 일찍 죽은 아이보다 오래 산 사람이 없고 8백 년 산 팽조도 요절한 것이다."

가을에 나온 짐승의 털은 1년 중 가장 가늘다. 하지만 관점을 달리하면 엄청나게 클 수도 있다. 원자나 분자 단위에서 보면 가을 털끝은 태산보다도 더 큰 물체이다. 그리고 매우 큰 산이더라도 우주, 태양계에서 바라보면 한 점 티끌에 지나지 않는다.

시간도 마찬가지여서 인생이 아무리 길다고 해도 영원에 비하면 순간이고, 아무리 짧다 해도 찰나에 비하면 영원에 가깝다. 그래서 장자는 어려서 죽은 아이가 장수했다고 하고, 8백 년을 산 팽조도 요절했다고 하는 것이다. 장자는 이 말을 통해 역설을 보여준다.

그렇다면 이렇게도 생각할 수 있다.

우리나라에서 가장 부자인 사람일지라도 세계에서 보았을 때는 못사는 사람이 될 수도 있다. 하지만 우리나라에서 가난한 사람이라도 못사는 국가에서는 부자로 대우받을 수도 있다.

그러니까 자신의 주위 환경에서 무언가가 낫다고 해서 자만할 것도 없고 부족하다고 해서 좌절할 필요도 없다. 언제나 사람이나 사물의 잣대는 항상 상대적이다.

07

세속을 초월하여 즐긴다

구작자가 장오자에게 물었다.

"제가 듣기에 성인은 속된 일을 하지 않고, 이익에 좇지 않고 해 입는 것을 두려워하지 않으며, 선택됨을 기뻐하지 않고, 도에 억지로 맞추지 않는다고 했습니다. 또한 말을 아끼고 세속을 초월하여 즐긴다고 합니다."

성인이란 속세의 길을 걷지 않고 진리의 길을 걸어가는 사람들을 뜻할 때 쓰는 말이다. 아픈 자를 위해 헌신한 슈바이처 박사, 가난한 자를 위해 힘쓴 테레사 수녀와 같은 인물들이 현대의 성인이라고 할 수 있다.

당신은 어떤 삶을 살고 싶은가? 단순히 돈을 많이 벌

거나 유명해지고 싶은 것은 아닌가? 그것도 좋지만, 보통 사람들과 다른 방향을 찾아보는 건 어떨까.

꼭 대단한 뜻을 가지고 살아야 성인이 되는 것은 아니다. 이기심을 버리고 더 좋은 세상을 만들기 위해 노력하는 사람이 바로 성인이다.

우리의 삶에 있어서 돈은 중요하다. 돈을 많이 벌어서 부자가 되고 싶다는 사람도 꼭 이기적인 것은 아니다. 왜냐하면 그 돈을 가지고 가난한 사람들을 도울 수 있기 때문이다.

성인들은 자신의 욕심을 채우지 않고 남의 필요를 채우기 위해 노력하는 사람들이다. 당신은 짧은 인생에서 무엇을 남기고 싶은가?

죽어서는 한 푼도 가져갈 수 없다. 죽어서는 소용없는 돈을 벌고 싶은가, 아니면 오래 기억될 좋은 이름을 남기고 가고 싶은가.

당신의 선택은 자유이지만, 장자를 읽고 나서 이름을 영원히 남기는 것을 선택한다면 그것은 당신을 위해 나쁘지 않은 선택일 것이다.

08

원숭이의 어리석음

원숭이를 기르는 사람이 도토리를 원숭이들에게 나누어 주면서 아침에는 세 개, 저녁에는 네 개씩 주기로 했다. 그러자 원숭이들은 모두 화를 냈다. 그래서 다시 '그렇다면 아침에 네 개, 저녁에는 세 개를 주겠다'라고 하자 원숭이들이 모두 기뻐했다.

원숭이들의 행동이 어리석어 보이는가?

하지만 이것은 꼭 원숭이들만 그러는 것이 아니다. 사람도 마찬가지로 조삼모사의 행동을 할 때가 많다. 진정 지혜롭고 슬기로운 자가 되려면 세상의 조삼모사와 같은 일들에서 벗어날 수 있어야 한다.

신용카드를 생각해 보자.

카드로 계산하면 나중에 그 금액을 지불하게 된다. 하지만 현금으로 계산하면 즉시 지불하게 된다. 둘 다 모두 똑같은 금액을 지불하는 것이지만, 사람들은 카드로 사는 것을 더 이득처럼 느낀다. 나중에 날아올 청구서를 생각하지 못하고 말이다. 이것이 바로 인간의 조삼모사이다.

우리도 이런 실수를 하지 않으려면 평소부터 생각을 깊게 하고 꼼꼼히 따져 보는 습관을 기르도록 해야 한다. 그렇지 않으면 우리 모두 원숭이가 되고 말 것이다.

09

소인과 대인의 차이는?

매미나 비둘기는 붕을 비웃으며 이렇게 말했다.

"우리는 있는 힘을 다해 날아올라도 느릅나무나 박달나무 가지에 이르는 것이 고작이다. 그러나 때로는 이것조차 불가능해 땅바닥에 곤두박질치기도 한다. 한데 붕은 무엇 때문에 구만 리나 날아서 남쪽으로 가려 하는가?"

붕은 큰 인물이라고 볼 수 있고, 매미나 비둘기는 작은 인물이라고 볼 수 있다. 당신은 어떤 인물이 되고 싶은가? 거목 같은 사람이 되고 싶은가? 아니면 풀숲 한 구석의 뽑혀 나갈 잡초가 되고 싶은가?

이 차이를 만드는 것은 마음을 어떻게 먹느냐에 달려

있다. 큰일을 하려는 사람은 미리부터 준비를 철저히 한다. 하지만 작은 일을 하는 사람은 준비를 하지 않는다.

유명한 학자와 단순노동을 생각해 보자.

유명한 학자가 되려면 많은 시간 동안 자신을 갈고 닦으며 준비를 해야 한다. 그런 사람들은 어릴 때부터 공부와 일을 병행하면서 많은 준비를 해온 인물들이다. 그래서 한 분야에서 위대한 업적을 이룰 수가 있었던 것이다.

당신이 미래를 위해 준비하는 것은 당연하고도 아름다운 시간이다. 지금의 쾌락을 위해서가 아니라 미래의 즐거움을 위해서 노력한다면 당신도 충분히 성공한 인생을 살 수 있다. 그러기 위해서는 매미나 비둘기 같은 사람들과 어울리지 말고, 붕과 같은 사람을 본받아 그들을 멘토로 삼고 앞날을 향해 노력해야 한다.

우리는 하루살이가 아니다. 큰 그릇을 생각하고 행동하면 큰사람이 되는 법이다.

10

칼도 잘 다루면 도가 된다

포정은 칼을 내려놓고 대답했다.

"저는 기술이 아닌 도를 추구합니다. 소를 처음 다룰 때는 온전한 소 한 마리를 다루겠다고 덤벼들었습니다. 하지만 3년 정도 흐르고 나니, 온전한 소 대신 다루어야 할 부위만 눈에 들어왔습니다. 게다가 지금은 눈이 아닌 마음으로 소를 대하는 경지까지 이르렀습니다."

어떤 일이든지 그것을 잘하기까지는 오랜 시간이 걸린다. 여기서는 백정이 소를 다루는 일을 가지고 일을 할 때, 어떤 과정을 거쳐 어떤 경지에 올랐는지를 말하고 있다. 소 다루는 일뿐만 아니라 우리가 하는 다른 일을 하는 데도 이런 노력이 필요하다.

오랫동안 한 직장에서 일의 숙련도를 높인 사람은 문제가 생겼을 때 적절한 해결방안을 빠르게 떠올린다. 오랜 시간 동안 일을 익혀왔기 때문이다. 그리고 효율적으로 일하는 습관도 가지고 있다.

그에 비해 요령만 피우고 오래 일해 보지 않은 사람은 문제가 생겼을 때 당황하고, 비효율적인 방향으로 일을 끌고 가기 일쑤다.

우리는 한 분야에서 전문가가 되기 위해 노력해야 한다. 장자도 공자처럼 공부의 중요성을 강조했다. 그런데 장자는 공부하는 수준에서 벗어나 진정한 전문가의 경지가 어떤 것인지 소 잡는 백정을 통해서 보여준 것이다.

남이 보기엔 하찮은 일이라고 할지라도 모든 분야에는 저마다의 경지가 있는 것이다.

11

운명은 하늘이 정한다

공문헌이 우사를 대하고 놀라며 물었다.

"도대체 어찌된 일인가? 어쩌다가 한쪽 발을 잃었는가? 하늘의 뜻인가, 아니면 사람의 뜻인가?"

우사가 말했다.

"하늘의 뜻이지, 사람의 뜻은 아니다. 하늘이 나를 한쪽 다리로 살게 한 것이다. 사람의 생김은 하늘이 정해 준다. 내가 한쪽 다리로 살게 된 것도 그런 이치다.

연못가에 사는 꿩은 열 걸음을 옮겨 먹이를 한 입 쪼아 먹고 백 걸음을 걸어야 물을 한 모금 마실 수 있지만, 새장에 갇히는 것은 원치 않는다. 음식은 쉽게 얻어지겠지만 마음이 갇히기 때문이다."

꿩은 힘든 삶을 살아갈지라도 새장에 갇히는 것을 원하지 않는다. 왜냐하면 자유를 빼앗기기 때문이다. 당신도 의식주를 해결하는 대신 평생 감옥에 살아야 한다면 그것을 거부할 것이다. 그것은 자유로운 생활이 아니기 때문이다.

이처럼 자유란 중요하다. 장자는 자유를 말했던 철학자 중에 한 명이다. 공자가 지독하게 배움을 말했던 것과는 달리, 장자는 그렇게 배우라는 말을 하지 않는다. 그보다는 인간이 살아감에 있어 원치 않는 일을 하면서 자유를 빼앗기는 것을 경계했다.

많은 사람들은 우수한 성적으로 졸업해 대기업이나 공기업에 취업하는 것을 성공이라고 일컫는다. 하지만 그 생활은 자유 없는 기계가 될 수 있다. 장자는 예전부터 이 사실을 알고 있었기에 그런 구속적인 생활에서 벗어나 자유로운 생활을 하라고 말했던 것이다.

'자유'란 분명한 자기 의지를 갖고 살아갈 때 주어진다. 아무리 산 속에 들어가서 자유롭게 산다고 해도, 그것이 스스로의 의지가 아닌 남을 따라 하는 행위에서 비롯되었다면 그것은 자유가 아니다.

그러니 어디에서 어떤 삶을 살든, 확고한 생각을 갖고 자신의 의지대로 산다면 당신도 자유로울 수 있다.

즉, 행복과 자유에 이르는 비밀은 나의 의지를 현명하게 사용하는 것이다.

12

죽음은 자연의 순리다

노담이 죽자 진실이 조문을 가서 세 번 곡을 하고는 나와 버렸다.

제자가 물었다.

"고인은 선생님의 친구가 아니십니까?"

진실이 가볍게 답했다.

"그렇다네."

더욱 의아해진 제자가 다시 물었다.

"그렇다면 조문을 그렇게 해서야 되겠습니까?"

진실이 말했다.

"그렇다. 처음에는 나도 저들처럼 하는 것이 예의라고 생각했지만 지금은 생각이 다르다. 내가 들어가 조문할 때 곡을 하던 노인은 마치 자

식을 잃은 설움에 우는 것 같았고, 젊은 사람들은 어미를 잃은 듯 울었다. 사람들이 여기에 모인 이유는 말로는 아니라고 하지만 실제로는 위로와 곡을 하기 위함이다. 이는 하늘의 뜻을 저버림은 물론 사람의 도리에도 어긋난 것이기에 천명을 거역하는 것이다. 옛날에는 이를 두고 하늘을 지역하는 죄라 했다.

노담이 세상에 온 것은 태어날 때를 맞았기 때문이고, 세상을 떠나게 된 것은 떠날 때에 이르렀기 때문이다. 때를 알고 하늘의 뜻에 따르면 기쁨이나 슬픔도 나와는 관계가 없다. 이것이야말로 절대적인 구속에서 벗어나는 일이 아니겠느냐. 땔나무는 다 타도 불은 다른 나무로 옮겨 붙는 것과 마찬가지로 자연의 흐름은 내 의지와 상관없이 영원토록 이어지는 것이다."

당신은 죽음에 대해서 어떻게 생각하는가?

공자는 죽음에 대해서 알지 못한다고 했다. 하지만 장자는 태어나고 떠나는 것은 그저 하늘의 뜻이라고 했다. 장자의 말에 따르면 하루살이의 삶도 찰나에 비하면 무한에 가까운 삶이고, 몇 백 년을 산다고 해도 우주의 나이에 비하면 순간일 뿐이다.

이처럼 장자는 하늘에 순응하는 운명적인 태도를 취했다. 어찌 보면 순응적이고 소극적으로 보이기도 하지만, 하늘의 뜻을 따르는 게 옳다는 것이다.

죽음이라고 하면 대부분의 사람들은 두렵고 슬픈 감정을 떠올린다. 그렇다면 우리 주위의 것으로 이야기를 바꿔 보자. 우리가 태어난 가정환경이나 성격 같은 것을 생각해 보자.

그것들도 하늘로부터 내려온 것이다. 당신의 부모를 당신이 선택한 것은 아니니까 말이다. 자신의 성격도 자신이 선택한 것은 아니다. 이런 것들은 바꿀 수 없는 것들이다. 그래서 장자는 그것을 받아들이라고 했다. 왜냐하면 하늘의 뜻이기 때문이다.

이런 운명론적인 삶은 세상의 삶을 달관하는 삶의 자세라고 할 수 있다. 인내하는 자보다 달관하는 자가 삶을 즐길 수 있다.

13

욕심이 없으면 걱정도 없다

안회가 말했다.

"저로서는 더 이상 나아갈 방도를 모르겠습니다. 좋은 방법을 알고 싶습니다."

중니가 말했다.

"재계를 하는 것이 좋겠다. 이에 대해 말해 주겠다. 아집에 사로 잡혀 있다면 재계가 너무 쉽지 않을 것이다. 또한 너무 쉽게 생각한다면 하늘이 꾸짖을 것이다."

안회가 말했다.

"저희 집은 가난하여 술은 물론 향내 나는 채소를 입에 대본 지가 오래전입니다. 이만하면 재계라고 할 만 하지 않습니까?"

중니가 말했다.

"그것은 제사 때의 재계일 뿐 마음의 재계가 아니다."

안회가 말했다.

"그렇다면 마음의 재계란 도대체 무엇입니까?"

중니가 말했다.

"한결같은 마음을 지녀야 하며 사물의 소리를 귀가 아닌 마음으로 들어야 한다. 아니 더 나아가 기로 들어야 한다. 귀는 단지 소리를 들을 뿐이고, 마음은 사물을 대상으로만 대한다. 하지만 기는 무심히 모든 사물을 받아들인다. 도는 빈 마음에 드는 것이니, 마음을 비워야 재계가 이루어지는 것이다."

안회가 물었다.

"제가 미처 마음의 재계를 이루지 못했을 때는 아집에 사로 잡혀 있었습니다. 그런데 재계에 이르니 마음의 구속이 사라졌습니다. 이제 마음을 비웠노라고 감히 말해도 되겠습니까?"

중니가 대답했다.

"훌륭하다. 하지만 내가 좀 더 일러줄 말이 있

다. 너는 세속에 섞여 들더라도 부질없는 명예에 정신을 팔지 말아야 한다. 또한 억지로 네 생각을 남에게 강요하지 말아야 하며, 마음의 담을 쌓지 말고 오로지 도에 의지해 부득이한 경우에만 네 뜻을 밝힌다면 재계를 온전히 이루는 것이라 할 수 있다."

장자와 공자는 흔히 반대된다고 생각하기 쉽다. 하지만 장자는 공자의 사상을 부정하지 않았다. 장자에는 공자의 사례가 많이 나온다. 장자는 공자의 뜻을 생각하며 더 나은 방법을 찾으려 노력했다.

여기서 공자의 입을 빌려 장자가 하고 싶은 말은 부질없는 명예에 신경 쓰지 말라는 것이다. 공자는 입신양명을 나쁘게 보지 않았던 사람이다. 하지만 그와 반대로 자연에 물아일체하여 도의 세계에서 살기를 바랐던 것이 바로 장자라는 사람이다.

공자는 세상 속에서 승리하는 인생을 원했다. 하지만 장자는 세상을 버리고 자연으로 돌아가 자연과 합일하는 삶을 원했다.

자연, 즉 산 속으로 들어갈 것인가 아니면 도시에서 사람과 같이 살아갈 것인가를 선택해야 했던 것이다. 산 속에서 산다는 것은 일종의 고행이라고도 할 수 있겠지만, 진정 세상을 즐길 줄 아는 사람은 자유를 위해서 기꺼이 고행을 한다. 장자가 보았을 때 진정한 자유인이란 바로 그런 사람을 뜻하는 것이다.

모든 것은 균형을 맞출 때 비로소 삶을 아름답게 만들어준다. 공자의 뜻, 장자의 뜻을 귀담아 들은 뒤 자신만의 인생을 찾아가야 한다.

도시에 살아도 자유로울 수 있고, 산에서 살아도 자유롭지 않을 수 있다. 모든 것은 당신의 마음에 달렸다.

14

천명과 의리는 근본이다

중니가 말했다.

"세상에는 힘써 지켜야 할 일이 두 가지가 있는데, 천명과 의리가 그것이다. 자식이 어버이를 섬기는 것은 천명에 해당하는 것으로 늘 마음에 새겨야 한다. 신하가 임금을 섬기는 것은 의리에 해당하는데, 세상이 군주의 것이기에 회피할 수는 없는 노릇이다. 그렇기 때문에 힘써 지켜야 한다고 말한 것이다."

"무릇 어버이의 마음을 편안하게 해드리는 것이 효의 근본이며, 군주와 관계된 일이라면 궂은일도 마다 않고 행하는 것이 충성을 올바로 실

<u>천하는 길이다.</u> 신하나 자식된 도리는 피할 수 없는 것이다. 주어진 현실에 최선을 다해야 하며, 자신의 처지를 내세우지 말아야 한다. 때로는 삶을 기뻐하거나 죽음을 슬퍼할 겨를조차 없는 것이다."

먼 옛날부터 동양에서는 효를 중시했다. 그래서 어버이를 섬기는 것이 하늘의 뜻이라고 한 것이다. 또한 옛날에는 임금이 있어 임금을 섬기는 것이 충성스러운 일이라고 하였다. 이를 의리를 지키는 일이라고 여겼다.

조직이나 기업의 리더를 따르는 것이 의리를 지키는 것이라고 할 수 있다. 즉 회사원이라면 상사가 시키는 일을 묵묵히 수행해 나가는 것, 그것이 바로 현대적 의미에서 충성이라고 볼 수 있는 것이다. 이는 먼 옛날인 공자 시대, 장자의 시대에 이르기까지 동양의 근본적인 철학의 하나이다.

그리고 깊게 생각해 볼 것은, 그저 순종하는 것만이 충성은 아니라는 것이다. 윗사람이 옳지 않은 길을 선택하려고 할 때, 그것을 막는 것도 하나의 충성심이다. 그래서 역사를 살펴보면 목숨을 걸고 상소문을 쓴 신하가 충신으로 여겨지기도 했다.

만약 사람들이 천명과 의리를 지키지 않으면 어떻게 될까? 나라와 가정이 엉망이 될 것이다. 이처럼 천명과 의리는 나라의 근본을 지키는 가장 기본적인 사상이다.

15

본성을 거스르면 화를 입는다

거백옥이 안합에게 말했다.

"당신도 사마귀에 대해 아실 것입니다. 사마귀란 놈은 화가 나면 앞발을 치켜들고 수레바퀴에 맞서기도 합니다. 이는 제분수를 모른 채 자신의 능력이 뛰어나다고 착각하기 때문입니다. 자신의 얕은 재주만 믿고 상대방에게 맞서려 한다면 위태로울 수 있으니 이점을 항상 명심해야 합니다.

당신은 호랑이를 사육하는 사람에 대해서도 아실 것입니다. 사육사는 호랑이에게 살아 있는 먹이를 주지 않습니다. 산채로 주면 살생의 맛을

알게 되어 성질이 포악해지기 때문입니다. 죽은 먹이라도 통째로 주어서는 안 됩니다. 먹이를 찢어발기면서 성질이 더욱 과격해지기 때문이지요.

호랑이를 돌보는 사람은 호랑이의 욕구를 잘 헤아려서 성난 마음을 다스려야 합니다. 그래야만 호랑이가 자신과 다른 부류인 사육사에게 온순하게 행동할 것입니다. 드물지만 호랑이가 자신을 돌보는 사육사를 해치는 경우가 있는데 이는 호랑이의 본성을 거슬렀기 때문입니다.

말을 돌보는 사람은 광주리에 말똥을 담고 큰 조개껍데기에 오줌을 받아가면서 정성을 다합니다. 하지만 모기나 등에가 말에 붙은 것을 보고 무심코 후려치면 놀란 말은 재갈을 물어뜯고 돌보는 사람을 공격하기도 합니다. 말에 대한 정성이 지극해도 말의 본성을 외면하면 화를 입을 수도 있으니 어찌 조심하지 않을 수 있겠습니까?"

당랑거철(螳螂拒轍)이라는 말이 있다. 사마귀가 발을 치켜들고 수레에 대항한다는 뜻이다. 꼭 사마귀만 이러는 게 아니다. 우리 인간도 가끔은 이런 어리석은 행동을 할 때가 있다. 자신의 능력과 실력을 파악하지 못하고 더 강한 상대에게 덤비는 것이다. 그래서 장자는 이를 경계하여 자신보다 높은 상대에게 함부로 덤비지 말라는 교훈을 주었다.

또한 장자는 말과 호랑이의 본성을 지켜야 한다고 말하고 있다. 본성을 지키지 않았을 때, 호랑이와 말이 사람을 공격하는 일이 나타날 수 있다고 말한 것이다.

왕에게 유세를 하고자 할 때는 우선 왕의 마음을 살펴야 한다. 용은 길들이면 타고 다닐 수도 있다. 그러나 그 목에는 역린(逆鱗)이라 해서 거꾸로 난 비늘이 있으니 그것을 만지는 자가 있으면 반드시 죽음에 이르게 된다.

사람들에게도 역린이 있으니 그게 그의 본성이다. 그와 교제하고자 하는 자는 역린을 건드리지 않도록 각별히 조심해야 한다. 그렇게만 한다면 인간관계는 대체로 성공할 것이다.

16

좋은 나무가 먼저 죽는다

송나라 형지 땅에서는 가래나무, 잣나무, 뽕나무가 잘 자란다. 사람들은 기다렸다가 나무의 둘레가 한 뼘 이상으로 자라면 베어다가 원숭이를 매는 말뚝으로 사용한다. 서너 뼘 이상 나가는 나무들은 대들보 감으로 베어진다. 일곱 내지 여덟 뼘에 이르면 높은 사람이나 부자들의 관을 만드는 재료로 쓰인다. 형지의 나무들은 뛰어난 재목들이어서 이처럼 하늘이 내린 수명을 다하지 못하고 도끼나 자귀에 찍혀 쓰러진다.

이마가 흰 소, 코가 위를 향한 돼지, 치질을 앓는 인간 등은 불길하다 하여 제물로 쓰기를 꺼리

는 통에 삶을 일찍 마감하는 일이 없다. 세속을 초월해 도의 경지에 이른 신인의 눈으로 볼 때 이들이 오히려 천운이 따르는 존재들이다.

인간은 사회 속에서 자신의 뜻을 펼치려고 하지만, 쓰임 받는 게 무조건 좋은 것은 아니라고 장자는 말했다. 오히려 쓰임 받음으로써 하늘이 내린 수명을 다하지 못하고 자신의 생명을 버린다는 것이다. 반대로 쓰임 받지 못한 불길한 존재들은 신인의 입장에서 보면 자신의 생명을 다하게 되어 천운이 따르는 존재라고 보았다.

회사에 취직되어 기뻐할 이도 많겠지만, 회사일에 지쳐 병에 걸려 일찍 죽는다면 그만큼 불행한 것도 없을 것이다. 장자는 이미 과거에 이런 사실을 알고, 쓰임 받는 것과 그렇지 못한 것에 대해 이런 통찰력을 보여준 것이다.

나무로 보자면, 보기 좋은 나무들은 모두 그 나무가 완전히 자라기 전에 여러 가지 용도로 사용된다. 우리도 재능이 보이는 사람은 어렸을 때부터 무언가를 하도록 압박이 들어오기 마련이다. 하지만 너무 초기의 압박 때문에 미처 꽃피우지 못하고 그대로 시들어 버리는 경우도 많다.

우리는 인생 전체 동안 즐거운 삶을 살길 바란다. 그러기 위해서는 적당한 시기에 세상에 나가 쓰임 받는 것이 옳다. 장자는 이를 경계하여 이런 글을 남긴 것이다.

인생은 속도가 아니라 방향이다. 무조건 일찍 성공가도를 달린다고 해서 마지막까지 행복한 삶을 살 것이라는 보장은 어디에도 없다. 모두가 단점이라고 말하는 것도 어느 순간엔 장점이 될 수도 있다. 그러니 자신의 단점만을 보고 채찍질하며 조바심을 내는 것은 어리석은 일이다.

방향을 맞게 가고 있다면 누구에게나 기회의 순간이 찾아오기 마련이고, 당신에게도 인생의 황금기가 적절한 시기에 찾아올 것이다.

17

평등하게 인정하라

절름발이인 신도가는 정나라의 재상인 자산과 함께 백혼 무인의 문하에서 학문을 배웠다.

불구자와 함께 걷는 것이 꺼림칙한 자산이 신도가에게 말했다.

"내가 먼저 나가면 자네가 남아 있고, 자네가 먼저 나가면 내가 남아 있겠네."

다음날 다시 자리를 함께 하게 되자, 자산이 신도가에게 말했다.

"나는 이제 나가야 하는데 어제와 마찬가지로 자네는 남아 있게. 만일 그렇게 하지 않는다면 자네는 한나라의 재상에게 무례를 행하는 것

일세."

신도가가 말했다.

"같은 스승에게서 배운 제자인데도 차별을 한다는 말인가? 그렇다면 자네는 자신의 권력만 믿고 남을 얕잡아 보는 소인일세. 내가 들은 바로는 깨끗한 거울에는 먼지가 끼지 않고, 먼지가 낀 거울은 맑지 않다 라고 했네. 사람도 마찬가지로 마음이 맑은 사람과 오래 있으면 허물이 없어진다고 하는데, 자네는 어쩐 일인가. 선생님에게서 사람의 도리를 배워서 아는 자네가 어찌 이 같은 말을 할 수 있는가?"

장자는 높은 지위에 있는 자산이 절름발이인 신도가를 차별하는 내용을 통해 인간 사회에서 차별이 이루어지고 있다는 것을 말했다.

그들은 원래 한 스승 아래에서 똑같은 배움을 배운 사람이다. 지금도 차별이 존재하는데, 옛날에는 차별이 얼마나 많았겠는가. 장자의 평등철학은 오늘날에 도덕철학에 비해 손색이 없다. 이는 현대의 우리들도 배워야 할 사상임이 분명하다.

실제로 당신은 장애인에 대해서 어떻게 생각하는가? 외국에서는 장애인을 하나의 보통사람으로 보고 있다. 누구나가 다 장애인이 될 수 있다고 생각한다.

역지사지라는 말이 있다. 우리는 언제든지 가난해질 수도, 장애를 갖게 될 수도 있다. 차별을 반대하는 이유는 단순히 그것이 나쁘기 때문이 아니라 우리의 문제이기 때문이다.

더불어 사는 사회에서 떳떳한 한 사람으로 인정받으며 살고 싶다면, 자신부터 다른 사람을 평등하게 인정해야 한다.

18

인기는 외모에 좌우되지 않는다

위나라에 애태타라는 사람이 있었는데, 얼굴이 못생겼는데도 남녀 가리지 않고 많은 사람들이 그를 따랐다. 소문을 들은 군주 애공은 그를 청해 한 달 동안 함께 지내 됨됨이를 살폈다. 이윽고 애태타의 인품에 끌리게 된 애공은 그에게 재상자리를 제안했다. 그러나 예상과 달리 애태타가 제안을 너무나 선선히 받아들이자 애공은 여러 가지 상황을 떠올리며 고민했던 자신이 오히려 부끄럽게 느껴졌다. 얼마 못가 속세에 얽매이지 않으려 애태타가 자리에서 물러나 떠나자 애공은 허전함을 가눌 길이 없었다.

애공이 중니에게 물었다.

"대체 애태타는 어떤 사람입니까?"

중니가 대답했다.

"제가 초나라에 사신으로 갔을 때 죽은 어미 돼지의 젖을 빨고 있는 새끼돼지들을 본 일이 있습니다. 얼마 지나지 않아 새끼돼지들은 놀라며 도망쳤습니다. 자신들에게 향하던 어미돼지의 시선이 거두어진데다 몸조차 전과 달랐던 것입니다. 새끼돼지들이 사랑한 것은 어미돼지의 형상이 아니라 젖을 물리고 새끼를 돌보는 어미의 덕이었던 것입니다.

전사한 사람의 장례를 치를 때에는 삽을 가지고 꾸미지 않으며 발 잘린 사람은 신발에 연연하지 않는데, 그 이유는 근본을 잃었기 때문입니다.

반면에 천자의 후궁으로 뽑히면 몸을 온전히 보전해야 하며, 갓 결혼한 관리에게는 숙직을 면제해 주고 궁궐 밖에 머물도록 배려합니다. 몸을 보전하는 것에 대한 배려가 이 정도라면 덕을 갖춘 사람에 대해 각별히 예의를 지키는 것은 지극히 당연한 일입니다."

사람들은 잘생기거나 예쁜 사람을 좋아하지만, 꼭 그런 것만은 아니다. 성품이나 인품이 훌륭하다면 애태타처럼 외모가 보잘 것 없다고 할지라도 많은 사람들이 좋아서 따르게 된다.

그러니 자신의 외모가 보잘 것 없다고 절망하거나 기죽을 것 없다. 진정으로 성품이 올바른 사람이라면, 사람들이 그 사람을 외면하지 않기 때문이다. 그 옛날인 장자의 시대에도 그랬듯이 오늘날에도 마찬가지로 통용될 수 있는 진리라고 할 수 있다.

유명한 개그맨들은 대체로 외모가 뛰어나지 않다. 그들이 인기가 있는 것은 그 사람의 성격이나 행동이 올바르기 때문이다. 그러니 외모가 훌륭하지 않더라도 사회에서 인기를 누리면서 살 수도 있는 것이다. 외모가 반드시 조각 미남, 미녀가 아니더라도 사회 속에서 잘 살아갈 수 있는 것이다.

외모지상주의에 빠져 남의 외모에 속지 말고, 그들의 인격이나 성격을 생각해 보자. 특히 우리는 연예인이 아닌 이상 외모와는 상관없는 일을 하게 된다. 현명한 사람 앞에서 외모는 그리 큰 장점도, 단점도 되지 못한다.

19

생사는 하늘이 정해 준다

혜자가 장자에게 물었다.

"사람에게는 원래 정이 없는가?"

장자가 그렇다고 대답했다.

"정이 없다면 어찌 사람이라 할 수 있는가?"

장자가 말했다.

"도에서 기운을 받고 하늘에서 모양새를 받았으니 이만하면 사람이라 할 수 있지 않은가?"

혜자가 말했다.

"이미 사람이라고 말한 이상 어찌 정이 없겠는가?"

장자가 말했다.

"자네가 말하는 정과 내가 생각하는 정은 다

르네. 내가 생각하는 정은 좋아하고 싫어하는 마음을 좇아 자신을 해치지 않고 자연의 흐름에 자신의 삶을 맡기고 어떻게든 삶을 늘려 보려 헛된 수고를 하지 않는 것을 의미한다네."

혜자가 물었다.

"오래 살려고 애쓰지 않는다면 어떻게 그 몸을 보존할 수 있겠는가?"

장자가 대답했다.

"도에서 기운을 받고 하늘에서 모양새를 받았음을 깨닫는다면, 좋고 싫은 감정에 휘둘려 자신을 해치는 일을 하지 말아야 하네. 내가 보기에 당신은 밖에서 헤매다 정신이 피곤해져 나무에 기대 탄식하고, 오동나무 책상에 기대 휴식이나 취하려 하고 있네. 하늘이 당신의 육체를 나무랄 데 없이 갖춰 주었건만 견백론 따위의 궤변이나 늘어놓다니 안타깝네."

장자는 하늘의 뜻을 가장 높게 쳤다. 공자 역시 천명을 받아들인 사람이지만 공자와는 약간 달랐다. 장자는 인간의 수명 역시 하늘이 정해 준 것이라고 믿었다.

그렇기에 자신 스스로 그것을 해치거나, 삶을 늘리려는 수고를 하지 않을 것을 요구했다. 진시황이 불로초를 찾아 헤맸지만 결국 죽었듯이, 인간의 수명이란 것은 어쩔 수 없는 일이다. 사람으로서 벗어날 수 없는 운명이라면 받아들여야 한다.

물론 의료기술과 과학기술의 발달은 우리의 수명을 점점 늘려가고 있는 추세이다. 얼마나 늘릴 수 있을지는 모르지만, 우리는 일정량의 수명을 살다가 하늘로 돌아가게 된다. 장자는 그것에 안달복달 하지 말고 자연의 뜻, 하늘의 뜻으로 받아들일 것을 권하고 있는 것이다.

20

능력을 자랑하지 말라

어떤 사람을 일러 진인이라 하는가. 옛날의 진인은 상대방이 모자란다고 업신여기지 않았으며, 자신의 능력을 뽐내지 않았고, 억지로 일을 하지도 않았다.

진인은 실패해도 후회하지 않았고, 자기가 마음먹은 대로 일이 진행되어도 자만하지 않았다. 진인은 높은 데를 오르더라도 두려워하지 않고 물속에서도 젖지 않고 불에 들어가도 타지 않았다. 이는 진인의 지식이 도의 경지에 이르렀기 때문이다.

장자가 등장한 후 도가에서는 도를 깨우친 사람을 진

인이라고 불렀다. 진인은 상대방이 모자란다고 업신여기지 않고 자신의 능력을 뽐내지 않았다. 오늘날로 치자면 겸손한 사람이라고 할 수 있다. 게다가 억지로 일을 하지 않았다. 자신의 뜻대로 자신의 인생을 유유자적하게 산 것이다.

잘 알려진 사람을 예로 들자면 국민MC로 활동하고 있는 유재석과 같은 방송인이 겸손한 이미지로 성공한 사람이 아닐까 싶다. 늘 상대방을 배려하고 방송에 열심히 임하는 모습이 겸손하고 좋은 사람이라는 이미지를 심어준다.

사람의 이미지는 살아가는 데 있어 매우 중요하다. 신뢰를 쌓고, 인간관계를 맺는 것에는 모두 이미지가 작용한다.

당신은 어떤 이미지를 가진 사람이 되고 싶은가? 남을 배려하고 겸손한 사람이 되고 싶은가? 아니면 자기 생각만 하는 이기적이고 교만한 사람이 되고 싶은가?

선택은 자유겠지만, 남을 배려하고 겸손한 사람이 되는 것이 장기적으로 볼 때 훨씬 좋은 선택일 것이다.

21

죽음은 삶의 연장선상에 있다

옛날의 진인은 삶을 기뻐하거나 죽음을 미워하지 않았다. 또한 태어남을 기뻐하거나 죽음을 두려워하지도 않았다. 그저 홀연히 왔다가 홀연히 갈 뿐이라고 생각했다. 삶의 시작을 기억하면서도 끝나는 바를 구하지 않았다. 하늘에서 생명을 받았음을 기뻐하면서도 죽으면 의연히 자연으로 돌아간다.

진인은 마음으로 도를 새기고, 인위적으로 하늘의 뜻을 저버리지 않는다. 진인의 마음은 속세를 떠나 도에 머물러 고유함을 유지하며, 이마는 넓고 평평하다. 어느 곳에도 치우치지 않는 마음

은 서늘하기가 가을 같고, 따뜻하기는 봄과 같다. 감정이 사계절과 통하고 사물과 조화를 이루니 감히 그 마음의 바닥을 짚을 수가 없다.

사람들은 삶을 기뻐하고 죽음을 두려워한다. 하지만 진인은 달랐다. 태어남을 기뻐하지 않고 죽음을 두려워하지도 않았다. 붓다는 인생을 고(苦)라고 했다. 생이란 괴로움이라는 뜻이다. 이런 의미에서 붓다와 장자는 서로 통하는 데가 있다.

우리는 불교 철학으로 삶의 많은 부분을 해소할 수 있다. 장자와 불교 철학은 닮은 데가 많다. 그것은 삶에 집착하지 않는다는 점에서부터 비롯된다. 삶도 기뻐하지 않고, 죽음도 두려워하지 않는 모습에서 붓다와 장자는 닮은 모습을 보이고 있다. 진정 해탈한 삶을 살아가려면 삶은 무의미하게 바라보고 죽음도 초월할 수 있는 모습을 보여야 한다.

인생은 괴로움이라는 말이 있다. 당신은 앞으로 인생

을 살면서 여러 괴로운 시기가 찾아올 것이다. 그럴 때 장자를 생각하기 바란다. 괴로운 시간은 지나가기 마련이며, 괴로운 시간을 통과하고 나면 성장한 자신을 만날 수 있을 것이다.

인생은 성장의 연속이다. 또한 모든 순간이 행복하기만 한 인생은 없다. 이렇게 긍정적으로 생각하다 보면, 괴로움을 이겨내는 데 많은 도움이 될 것이다. 즉, 죽음도 삶의 연장선상에 있는 것이다.

22

도에 따라 살라

샘이 말라 바닥이 드러나면 물고기들은 입김과 거품으로 서로를 적셔준다. 그러나 이처럼 극한 상황에서 서로 돕는 것보다 넓은 강이나 호수에서 헤엄치며 서로를 의식하지 않는 것이 훨씬 자유롭다. 요임금을 칭송하고 걸임금을 악인이라 비난하는 것보다 둘 다 잊고 도에 따라 사는 것이 훨씬 자유롭다. 자연은 내게 육체를 주어 삶을 이어가게 하고, 세월에 따라 늙도록 만들어 자연의 흐름에 순응하게 하며 죽음을 주어 나를 쉬게 한다.

왕이 어떤 존재인가에 따라 백성의 삶이 결정된다. 하

지만 장자는 그런 왕의 영향력에서도 벗어나라고 말하고 있다. 윗사람의 말보다 도에 따라 사는 것이 중요하다고 본 것이다.

만약 당신이 고위직인 상사 앞에 서면 무슨 일을 해도 긴장될 것이다. 하지만 사람이 으레 그렇듯이 혼자 있거나 만만한 인물과 같이 있게 되면 풀어지기 마련일 것이다. 그런데 중요한 것은 어떤 사람과 함께 있느냐에 따라 달라지지 않는 태도이다. 누가 보고 있든, 보고 있지 않든 자신의 자리에서 맡은 일을 성실하게 해나가는 자세가 중요하다고 장자는 강조한다.

앞으로 당신은 여러 사람과 여러 상황에서 일을 하겠지만, 환경 핑계를 대지 말자. 스스로의 겸허한 태도로 노력하는 자세로 임하라. 그러면 세상은 당신을 좋아하게 될 것이다. 사람과의 관계가 좋아지면 일이 더 즐거워지고, 모든 상황이 지금보다 더 좋아질 것이다.

23

죽음은 휴식이다

삶을 기쁘게 받아들일 수 있다면 휴식인 죽음도 편하게 받아들일 수 있는 것이다.

가까운 사람의 죽음을 겪어본 적 있는가? 우리는 그럴 때 매우 슬퍼하고, 그 사람을 그리워하게 된다. 그리고 미래에 겪을 죽음이 두렵기도 할 것이다. 그런데 장자는 거듭해서 죽음은 두려워해야 할 것이 아니라고 말하고 있다.

죽음이 지친 몸을 쉬게 하는 것이라고 긍정하고 있다. 단지 휴식 좀 취하는 것이라고 생각한 것이다. 이는 삶에 집착하는 사람들에게 어떤 해탈의 기분을 느끼게 한다.

흔히 삶은 좋은 것이고 죽음은 나쁜 것이라고 생각하기 쉽다. 하지만 장자는 생각이 달랐다. 삶이 기쁜 것처럼 죽음 역시 기쁘게 받아들여야 하는 것으로 생각했다.

저자도 장자 철학을 읽으면서 죽음에 대한 걱정에서 많이 벗어났다. 당신도 아직 죽음에 대해 생각하기에는 이를 수 있겠지만, 앞으로 살아가면서 죽음에 대한 생각을 하게 될 것이다. 그때 장자 철학을 생각해 보라. 마음의 평화를 유지하고 죽음을 받아들이는 데 한결 도움이 될 것이다.

24

변화의 흐름에 따라 살라

안회가 말했다.

"저에게 진전이 있었습니다."

중니가 물었다.

"무슨 말이냐?"

안회가 대답했다.

"인의를 잊었습니다."

중니가 말했다.

"바람직하지만 아직은 멀었다."

다음날 안회가 중니에게 다시 말했다.

"제 깨달음이 좀 더 나아간 듯합니다."

중니가 말했다.

"무슨 뜻이냐?"

안회가 말했다.

"예악을 잊었습니다."

중니가 말했다.

"성과가 있어 보이지만 좀 더 나아가야 한다."

다른 날 안회가 고자를 찾아뵙고 말했다.

"제가 크게 깨달았습니다."

중니가 말했다.

"무슨 말이냐?"

안회가 말했다.

"제가 좌망을 할 수 있게 되었습니다."

이 말을 듣고 크게 놀란 중니는 태도를 고치면서 물었다.

"좌망이란 무엇이냐?"

안회가 말했다.

"육체와 지각, 감각을 떠날 뿐만 아니라 온갖 차별을 초월해 큰 도에 이르는 것을 좌망이라고 합니다."

중니가 말했다.

"도와 하나가 되면 차별이 사라지고 집착에서도 벗어나 변화의 흐름에 따라 살아가게 된다. 너는 과연 현명하구나. 이제 내가 너에게 가르침을 받아야겠다."

장자는 공자와 제자의 말을 통해 자신의 사상을 펼치고 있다. 장자가 말하는 것은 도인데, 집착을 벗어나 육체와 차별을 초월한 것이다. 이것이 장자가 추구하려는 도였다. 어찌 보면 공자의 사상보다도 더 힘든 일이 아닐 수 없다.

저자는 공자의 논어를 보면서 그것을 실천하려면 정말 힘들겠다고 생각했는데, 장자의 사상이 공자의 것보다 훨씬 더 어렵다는 생각이 들었다. 장자의 도는 공자의 사상을 보완하고, 모든 것을 초월해야 하는 큰 도를 주장하기 때문에 더 실천하기 어렵다고 느껴졌다.

삶은 변화라는 말이 있다. 인생에서 변하지 않는 진리는 없다. 그래서 장자는 도에 입각해서 살면 변화의 흐름을 따라 자유롭게 살 수 있다는 것을 말했다.

당신도 삶을 살다 보면 변화하는 게 많을 것이다. 살아가면서 생각과 성격에도 변화가 온다. 몸의 성장은 멈춰도 정신의 성장은 멈추지 않는 법이다. 사람은 살아가면서 예전보다 성숙해진 시선으로 세상을 바라볼 수 있고, 더 복잡해진 생각과 성격을 가진다.

때로는 세상에 순응하는 것 같아 불만스럽고, 가끔은 혼란스러울 때도 있을 것이다. 그때 장자 철학을 알고 있다면 변화에 잘 적응할 수 있다. 인생에서 변하지 않는 것은 변화한다는 것이다.

그러니 변화에 당황하지 말고 변화의 흐름을 잘 따라가길 바란다. 좋은 항해사는 역풍에도 굴하지 않고 나아가기보다 바람을 잘 이용해서 항로를 개척하는 쪽을 택한다. 인생에도 타이밍이 있고, 저마다의 운명과 흐름이 있다. 이를 명심하도록 하자.

25

만물과 하나가 되어라

호자가 말했다.

"아까 나는 그에게 자연 그대로 보여주었다. 내가 마음을 텅 비우자 그는 나에 대한 분별력을 잃었고, 성난 파도가 덮쳐오는 것처럼 느껴 도망친 것이다."

그 일이 있고 난 뒤 열자는 3년 동안 밖으로 나가지 않고 집에만 머물렀다. 그 기간에 그는 아내를 위해 밥을 지었고 돼지를 사람처럼 극진히 거두었으며 모든 일에 치우침이 없었다. 인위를 버리고 자연으로 돌아가 무심히 만물과 뒤섞인 채 일생을 마쳤다.

여기에는 장자 사상의 핵심이 들어 있다. 인위를 버리고 자연으로 돌아가 만물과 하나가 된다는 것이다. 장자는 자연으로 돌아갈 것을 명했다.

하지만 현대 사회를 살아가는 우리들이 실천하는 것은 힘들다. 당신도 당장 산에 들어가서 산다고 하면 여러 가지 문제가 발생할 것이다. 그렇다면 어떻게 해야 할까?

자연을 자주 찾으라고 권하고 싶다. 주말이나 휴일에 집에 늘어져 있기보다는 자연으로 가자. 가만히 누워 있는 것은 생각보다 좋은 휴식 효과를 주지 않는다. 잠을 너무 많이 자면 더 피로해지는 것처럼, 누워 있으면 더 피곤해질 수도 있다.

도시 속에서 받은 스트레스는 도시 밖에서 풀어야 한다. 산이나 바다를 자주 찾아 스트레스를 해소하고 대자연에 안겨서 휴식을 취해 보자. 그러면 힘든 현대 사회의 삶도 이겨낼 수 있는 힘을 가지게 될 것이다.

26

아무것도 하지 않아야 한다

남해의 임금을 숙이라 하고, 북해의 임금을 홀이라 하며, 중앙의 임금을 혼돈이라 한다.

숙과 홀이 때마침 혼돈의 땅에서 만나게 되었다. 혼돈은 이들을 극진히 대접했다. 숙과 홀은 혼돈의 정성어린 대접에 보답할 궁리를 했다.

"사람에게는 일곱 개의 구멍이 있어 그 구멍을 통해 보고 듣고 먹고 숨을 쉬는데 혼돈에는 이것이 없어 불편할 거야. 우리가 그를 위해 구멍을 뚫어 주자."

숙과 홀은 날마다 혼돈의 몸에 구멍 하나씩을 뚫었다.

이레가 지난 후 혼돈은 죽고 말았다.

당신이 야생동물을 집에서 기른다고 생각해 보자. 아무리 잘해 준다고 할지라도 야생동물은 죽고 말 것이다. 왜냐하면 야생동물은 야생에서 살 수 있도록 되어 있기 때문이다. 인위적으로 우리가 무엇을 할지라도 헛수고가 되고 만다.

여기서도 혼돈이라는 것에 구멍을 뚫는 것은 우리가 인위적으로 무언가를 한다는 말이다. 이는 오히려 혼돈을 살리기는커녕 죽음을 가져온다. 그래서 장자는 인위에서 벗어나 무위, 즉 아무것도 하지 않음을 해야 한다고 주장한 것이다.

사람은 저마다의 특성이 있다. 나에게 좋은 것이 남에게도 좋으리라는 법은 없다. 초식동물이 풀을 먹고, 육식동물이 고기를 먹듯 저마다 주어진 본능과 해결책이 있는 법이다. 이것을 '순리'라고 한다. 순리를 거스르는 일은 아무리 좋은 뜻으로 해도 좋지 않은 결과를 불러온다.

27

긴 것을 잘라서도 짧은 것을 이어서도 안 된다

가장 올바른 길을 가는 사람은 타고난 참모습을 잃지 않는다. 그러므로 발가락이 붙었거나 손가락이 하나 더 있는 육손이라도 스스로 불구라고 생각하며 비관하지 않는다. 길어도 남는다고 생각하지 않으며, 짧다고 부족하게 여기지 않는다.

그러므로 물오리는 비록 다리가 짧지만 길게 이어주면 오히려 괴로워할 것이다. 학의 다리 또한 길다고 그것을 짧게 자르면 슬퍼할 것이다. 본래 긴 것은 자르지 말아야 하며, 짧은 것을 이어서도 안 된다. 남과 비교하며 늘 근심에 잠겨 있을 필요는 없다.

생각해 보면 인의는 사람의 참된 모습이 아니다. 덕을 갖추었다고 자부하는 사람들에게 얼마나 근심이 많겠는가.

우리를 불행하게 만드는 것은 비교이다. 그렇기에 가장 잘산다는 미국인들도 행복지수가 그렇게 높지 않다. 서로 간에 비교해 나보다 잘사는 사람이 있으면 불행한 느낌이 들기 때문이다.

하지만 장자는 이런 비교의식을 떨쳐 버렸다. 오리다리가 짧다고 이어주지 않고, 학의 다리가 길다고 자르지 않듯이 자연에 순응하며 살아가면 그 삶 자체가 행복하다는 것이다.

지금 세계는 얼마나 인위적인 것들이 많은가. 그것들은 일견 좋아 보이지만 불행을 초래하는 것이다.

아이들을 생각해 보자. 아이들이 모이면 그중에는 공부를 잘하는 아이, 운동을 잘하는 아이, 그림을 잘 그리는 아이 등 모두 각각의 특색이 있다.

이 아이들을 모두 공부 잘하는 아이로 만들겠다고

하면 어떨까? 개성은 사라지고, 아이들은 서로를 비교하면서 살아갈 것이다. 그래서 장자는 각자의 특색을 그대로 살려서 교육하는 게 옳다고 여겼다.

우리는 각각 다른 것이지, 틀린 것이 아니다. 자신의 특색과 성격에 맞추어서 자라나는 게 옳다. 그러니 남보다 못하다고 스스로에게 실망하거나, 나보다 못한 사람을 심하게 다그치지 말자.

사람에게는 저마다의 장단점과 길이 있기 마련이다.

28

어떻게 죽나 매한가지다

장이 곡과 함께 양을 치다가 양을 잃고 말았다. 장에게 영문을 물었더니 독서에 취해 몰랐다고 변명했다. 다시 곡에게 물었더니 놀이에 열중하다 그렇게 됐다고 이유를 댔다. 두 사람은 이유는 다르지만 결과는 매한가지다.

백이는 명분을 지키다 수양산 아래에서 굶어 죽었고, 도척은 이익을 좇다 동릉 위에서 죽었다. 이 두 사람이 죽게 된 사정은 다르지만 목숨을 잃었다는 결과는 같다. 그런데도 두 사람의 죽음을 놓고 백이는 바르다 하고 도척은 그르다 하는가?

인간은 누구나 죽는다. 하지만 인의를 지키다

죽으면 군자라 하고 재물을 탐하다 죽으면 소인이라 한다. 삶을 마감한 것은 매한가지인데 누구는 군자로 존경받고 누구는 소인으로 몰려 손가락질을 받는다. 죽음에 이르기까지 집착으로 인해 본성을 지키지 못한 것은 백이나 도척, 군자나 소인 둘 다 마찬가지다. 그럼에도 불구하고 군자와 소인으로 나누어 차별하는 일을 어찌 옳다 하겠는가.

공자나 맹자는 의를 위해서는 죽음도 불사하겠다는 의견을 가졌다. 하지만 장자는 그러지 않았다. 하늘이 정해준 자연의 수명을 지키다 죽는 게 옳다고 생각한 것이다.

장자가 보았을 때는 의를 지키다 죽으나 도둑질을 하다 죽으나 마찬가지였다. 모두 자신의 수명을 지키지 못했으니 말이다. 장자의 입장에서 보자면 서양의 소크라테스도 어리석은 죽음을 맞이했다고 비판했을지도 모른다. 소크라테스도 자신이 지키고자 하는 덕을 지키려다가 목숨을 잃었으니까 말이다.

장자는 이처럼 자연이 허락한 삶을 마음껏 누리는 것

을 가장 중요시 여겼다.

세상에 사람의 목숨보다 중요한 '대의'는 없다. 세상에는 자신의 뜻을 위해 목숨을 바친 사람들 덕분에 세상이 나아진 것은 분명하다. 그 사람들은 다른 사람의 생명을 지키기 위해 기꺼이 자신의 목숨을 저버린 것이다. 그러니 아이러니하게도 죽음으로써 생명의 소중함이 강조되는 것을 볼 수 있다.

29

세상은 자연이 다스린다

말의 발굽은 서리나 눈의 시림도 견디게 해 주며, 털은 한기를 막아준다. 말은 평소에 풀을 뜯고 물을 마시며 발을 구르며 내달리는데 이것이 말의 본성이다. 비록 높은 누각과 호화로운 궁전이 있다 한들 말에게는 아무 소용이 없다.

도공이 말했다.

"나는 진흙을 잘 다루어서 둥글게 빚으면 그림쇠에 들어맞고 각지게 만들면 곱자에 맞는다."

목수가 말했다.

"나는 나무를 잘 다루기 때문에 굽은 것을 만들면 갈고리에 맞고, 곧은 것을 만들면 먹줄에 들어맞는다."

"그러나 찰흙이나 나무의 본성이 단지 그림쇠나 곱자, 갈고리나 먹줄에 맞기만을 바라겠는가.

그런데도 세상 사람들은 백락은 말을 잘 다루고 도공은 흙을 잘 빚으며 목수는 나무를 잘 다룬다고 하니 이는 천하를 다스리는 자의 잘못이다.

내 생각에는 천하를 잘 다스린다는 것은 그런 것이 아니다. 백성들의 삶은 한결같다. 길쌈으로 옷을 지어 입고 밭을 일궈 먹을 것을 얻는다. 천하를 잘 다스린다는 것은 하늘이 풀어 놓은 덕을 사람들이 함께 누리도록 하는 것이다."

장자는 거듭해서 자연과 하늘의 뜻을 강조한다. 있는 그대로의 자연을 누리는 게 가장 중요하다고 생각한 것이다. 말은 자연에서 자유롭게 뛰어 노는 것이 본성에 맞다 하지만 사람들이 그것을 길들여서 사용하는 것이다.

장자는 자연을 사람의 입맛에 맞게 길들이는 것은 잘못되었다고 지적했다. 나무를 다스리는 것도 마찬가지다. 나무는 자연에서 비와 햇살을 맞으며 자라는 게 좋다. 그것을 목재로 이용해 쓰는 것은 자연을 인간의 마음대로 재단하는 것이나 다를 바 없다.

예로 우리나라의 일방적인 교육시스템도 문제가 있다고 생각한다. 각자의 사람들은 제각기 개성과 장점이 있는데 이것을 확률적으로 점수와 순위로 판단해 평가한다는 것은 어리석은 일이다. 또한 삶의 방식도 마찬가지다. 무조건 좋은 회사에 입사한다고 행복한 것도 아니고, 유명한 자격시험에 합격한다고 잘사는 것도 아니다.

자신만의 목표와 인생관을 갖고 있어야 행복을 추구할 수 있는 법이다. 짧게 보아서는 남들보다 손해보고 사는 것처럼 보일지는 몰라도, 긴 인생살이에서는 좋은 결정이 될 것이다. 아무도 당신의 한 번뿐인 인생을 책임져 주지 않는다.

30

성인의 지혜는 대단한 것이 아니다

상자나 궤를 잘 여는 도둑에 대비하기 위해서는 빗장을 잘 질러야 하며, 자루를 잘 뒤지는 도둑을 막으려면 끈을 단단히 동여매야 한다. 이것은 지혜로운 사람의 처신이다. 그러나 아무리 대비를 잘해도 큰 도둑은 통째로 들고 가면서 빗장과 노끈이 느슨하지 않을까 걱정을 한다. 그러니 지혜로운 처신이라는 것은 한낱 큰 도둑만을 이롭게 하는 것에 불과하다.

즉, 지혜로운 성인의 역할은 큰 도둑이 가져갈 재물을 보관했다가 내어주는 곳간지기에 지나지 않는다.

제나라의 경우만 보더라도 성인의 우쭐대는

지혜는 도둑이 가져갈 곳간을 지키는 일에 지나지 않았던 것이다.

성인은 훌륭한 사람이다. 공자는 성인의 길을 가야 한다고 주장했다. 하지만 장자는 달랐다. 성인보다 한 단계 더 나아간 도의 길을 가야 한다고 주장한 것이다.

공자가 말하는 성인이란 도둑을 지키는 곳간지기에 불과하다고 장자는 여겼다. 그래서 장자는 덕의 세계에서 벗어나 자유롭게 노니는 경지인 무위자연을 꿈꾸었다.

인간의 법, 도덕, 윤리는 어디까지나 인간이 만들어낸 것이다. 산사태, 폭우 같은 자연재해를 인간의 잣대로 판단할 수 없는 것처럼 자연의 법칙은 인간이 만든 기준을 뛰어넘는다. 장자는 이렇게 인간을 '뛰어넘은' 자유인이 되어야 한다고 주장했다.

아무리 사람들 사이에서 칭찬을 받고, 속세에서 성공을 이루더라도 자연스러운 삶에서 벗어난다면 삶의 질도 떨어질 것이다. 장자가 말하는 무위자연은 결국 우리 각자의 삶과 다양성을 지키는 것이기도 하다. 억지로 해내는 것이 아닌, 마음이 따르는 대로 삶을 실천하는 것이다.

31

만물의 조화는 절로 이루어진다

마음을 크게 가져라. 무위를 실천하면 만물의 조화는 절로 이루어진다. 존재를 잊고, 지혜를 닫고, 주변 존재들을 의식하지 않으면 자연과 하나가 될 수 있다. 집착을 버리고 마음을 비워 아무것도 알려 하지 않는다면, 만물은 절로 번성해서 본래의 모습으로 돌아간다. 더욱이 돌아간 사실조차 깨닫지 못해야 차별이 없는 본래의 세계에 머물 수 있다. 하지만 만일 깨닫게 된다면 자연의 본성에서 멀어지는 것이다. 알려고도 보려고도 하지 않으면 만물은 스스로 그러할 뿐이다.

늘 스트레스를 받는다고 하는 사람이 있다. 만나기만

하면 스트레스 얘기를 꺼내고 인상을 쓴다. 하지만 이는 스트레스 유발 인자와 스트레스를 혼동하기 때문에 생기는 문제이다.

스트레스 유발 인자에 적절히 대처하거나 무시하면 스트레스는 없다. 우리가 외부 환경이나 다른 사람을 통제할 수는 없다. 이는 죽는 날까지 스트레스 유발 인자를 완전히 없앨 수 없다는 뜻이다. 그러니 스트레스를 받는다고 푸념이나 변명만 늘어놓으며 살아서는 안 된다.

장자는 자연과 하나가 되는 것을 꿈꿨다. 자연은 마음이 넓고 풍요롭다. 우리들에게 모든 것을 내어준다. 장자는 그런 어머니와 같은 자연에서 살아가는 것이 가장 행복하게 살 수 있다고 본 것이다.

사회에서 많이 지친 사람들은 장자의 말에 귀를 기울이며 용기를 얻곤 한다. 저자 역시 삶에 지쳤을 때 장자의 말이 큰 위로가 되었던 적이 있다. 살면서 사는 게 지쳤을 때는 한 번쯤 장자의 말에 기대보는 것도 좋다.

32

무엇인가를 이루기 위해 애쓰지 않는다

요임금이 말했다.

"아들이 많으면 근심이 늘고, 돈이 많으면 일이 늘며, 오래 살면 수치스러운 일들이 늘어납니다. 이 세 가지는 덕과 관계가 없기에 사양하는 것이오."

봉인이 말했다.

"임금님을 처음 대했을 때는 성인의 풍모가 엿보였는데, 이제 보니 군자라고 여겨집니다. 하늘은 사람에게 능력에 맞는 직분을 맡깁니다. 아들이 아무리 많아도 각자 할 일이 다른 법인데 무엇을 걱정하십니까. 또한 부자가 된다 해도 남과 나눌 줄 알면 근심할 일이 아닙니다. 성인은

정처 없이 다니면서 어린 새처럼 주는 먹이를 가리지 않고 받아먹고, 어미새처럼 흔적도 없이 날아다닙니다.

천하에 도가 있다면 만물과 조화롭게 번성하겠지만 만일 도가 없다면 한가롭게 덕이나 쌓으려 하겠지요. 천 년을 살아도 세상이 싫어지면 구름을 타고 하늘에 올라가 천제에게 이르면 그만이지요. 근심할 일이 없고 화를 부를 일을 하지 않는데 부끄러울 일이 뭐가 있겠습니까?"

봉인이 떠나려 하자 요임금이 붙들며 말했다.

"좀 더 배우고 싶습니다."

봉인이 말했다.

"그만 물러가시오."

행복한 삶을 살기 위해서는 물질적으로도 정신적으로도 풍요로워야 한다. 절대적 빈곤 속에서 행복을 느끼기는 어렵다. 반대로 아무리 부자라도 마음이 가난하다면 불행할 수 있다. 우리나라 사람들의 행복지수는 많은 후진국보다도 낮게 조사되고 있다. 세계 정상급의 물질적인 풍요를 누리면서도 비교와 경쟁의식이 강해 웬만하면 만족을 느끼지 못하기 때문이다.

요임금은 유가에서는 성인으로 떠받드는 인물이다. 하지만 장자는 봉인의 입을 통해 요임금은 단지 군자의 지위에 불과하다는 것을 보여 주고 있다. 진정한 도는 어떠한 것에도 얽매이지 않고, 무엇인가를 이루기 위해 애쓰지도 않는다는 것을 보여 주고자 한 것이다.

요임금은 아들이 많은 것, 부자가 되는 것, 장수하는 것을 거절했다. 하지만 장자의 입장에서 보자면 그것들은 아무런 장애가 되지 않는 것들이다. 오히려 그것을 거절하는 것이 어리석게 여겨진 것이다.

당신도 자손이 많고, 부자가 되고, 오래 사는 것을 바랄 것이다. 오히려 거절한 요임금이야 말로 조금은 부족한 인물로 보인다. 이 글을 통해 장자는 공자를 우회적으로 폄하하고 자신의 사상이 공자의 사상보다 낫다는 것을 말하고 있는 것이다.

33

인의에 매달리지 말라

노담이 물었다.

"대체 인의란 무엇이오?"

공자가 대답했다.

"기쁜 마음으로 만물과 하나가 되고 사심 없이 모든 사람을 두루 사랑하는 것입니다."

노담이 말했다.

"모든 사람을 두루 사랑한다는 말은 현실과 너무 동떨어진 이야기라오. 또한 사심 없다는 말 자체가 사심이오. 그대뿐 아니라 모든 사람들이 언제나 순박하기를 바란다면 세상에는 법칙과 위계와 질서가 있음을 알아야 하오. 그대가 덕스럽게 행동하고 도에 추구한다면 그것으로 충분

한 것이오. 도망자를 쫓듯이 인의에 매달리는 것은 본성을 어지럽히는 것이오."

공자는 인의를 추구했던 사람이다. 그의 사상을 이어받은 맹자 역시 마찬가지로 인의를 내세웠다. 하지만 장자는 달랐다. 오히려 인의가 문제가 된다고 보았다. 자연의 순리에 맡겨두면 자연스레 도의 경지에 이르게 된다는 것이 장자의 주장이었다.

우리는 믿는 대로 행동하고, 믿는 대로 보고 듣는다. 문제는 우리의 믿음이 잘못 되었을 때 잘못 행동하고 잘못 보고 듣게 된다는 것이다. 대부분의 경우 우리는 이러한 사실조차 깨닫지 못한다.

하지만 무언가 잘못 되었다는 것을 알아도 그것이 왜 잘못 되었는지 알기 힘들다. 우리가 의식적으로 문제를 발견하더라도 그 문제를 일으키는 것은 대부분 무의식적 믿음이기 때문이다.

이것을 동물을 기르는 것으로 살펴보자.

동물을 자연상태에 두면 알아서 잘 자란다. 하지만 그것들을 가축으로 키우기 시작하면 많은 문제점들이 발생한다. 질병에 걸릴 수 있기 때문이다.

자연상태에서는 오히려 더 건강한 동물들이, 먹이와 안전한 장소가 보장되는 농장에서 키워지면 더 질병에 걸릴 확률이 높다는 것이다. 그런 점에서 장자는 동물은 자연 상태에 그냥 놔두어야 한다고 주장했던 인물이다.

지금은 많은 동물들이 사육되고 있는 실정이다. 우리의 편의와 즐거움을 위해서 말이다.

34

깨달음은 말로 전할 수 없다

"제가 하는 일을 예로 들어 한 말씀 올리겠습니다. 수레바퀴를 너무 작게 깎으면 바퀴집이 헐거워져 빨리 닳고, 반대로 너무 크게 깎으면 끼울 수조차 없습니다. 바퀴 집에 알맞게 깎는 기술은 마음으로 느낄 수 있을 뿐이지 말로 표현할 수가 없습니다. 올바른 이치는 존재와 표현 사이에 있기 때문입니다. 신은 이러한 이치를 자식에게 깨우쳐 주지 못하여 일흔이 넘도록 수레바퀴를 깎고 있습니다.

옛사람들도 깨달음을 다른 사람에게 고스란히 전하지 못했습니다. 그래서 저는 감히 임금님께서 읽으시는 책을 하찮다고 말씀드린 것입니다."

세상에는 스스로 성공의 문을 닫아버리고 사는 사람이 많다. 검증된 많은 성공방정식이 있는데도 말이다. 그래서 성공이라는 정상에는 자리가 많다고 하는 것이다.

성공하고 싶지 않은 사람은 없는데 막상 성공의 산을 오르려 하거나 실제로 오르는 사람은 보기 어려우니 아이러니한 일이다.

비록 장자를 읽고 있지만, 장자가 말한 진정한 도의 의미를 알고 있지 못할 수도 있다는 생각이 들었다. 장자의 가르침은 글자로써 남아 있지만, 그것은 도를 제대로 표현하지 못할 수도 있다는 생각이 들었기 때문이다.

자전거 타기를 생각해 보자.

자전거를 책으로 배울 수 있을까? 자전거는 책으로 배울 수 없다. 직접 타면서 균형 잡는 법을 배워야 한다. 글자로는 표현하지 못하는 기술이나 요령도 있기 마련이다.

책을 읽은 사람이 책에서 읽은 내용을 가지고 조직생활을 완벽하게 해나갈 수 없는 것이다. 그것은 직접 해 보면서 물어 보면서 익혀 나가야 하는 것이다.

당신도 무언가를 배울 때 책을 읽고 배우는 것도 있지만, 직접 행동을 통해 배워 나가야 하는 것들도 많을 것이다. 장자 역시 이것을 알았기에 책만 보는 사람을 경계했던 것이다.

35

귀인은
재물도 마다한다

"지극히 귀한 사람은 벼슬도 마다하고, 지극히 부유한 사람은 재물도 마다하며, 만족할 줄 아는 사람에게는 명예도 그저 남의 일일 뿐입니다. 도는 때에 따라 다르게 행하는 것이 아닙니다."

도를 갖춘 사람은 벼슬도, 재물도, 명예도 마다한다. 장자가 추구했던 인간이란 바로 이런 인간이다. 하지만 이것은 쉽지 않다. 어찌 보면 공자가 말한 성인보다도 더 어려운 경지가 이런 사람이 되는 것이 아닌가 싶다. 그래서 장자가 추구했던 것이 신선되는 것이라고 여긴 사람들도 많았다.

대부분의 사람들은 높은 지위에 오르고 싶어 한다. 평생 그런 욕심을 포기하지 못 할 것이다. 또 부자가 되고 싶고 남들에게도 자랑도 하고 싶을 말이다. 어쩌면 이름이 영원히 기억되게 남고 싶을 것이다.

당신은 어떤 삶을 꿈꾸는가? 모든 것을 초월해 신선처럼 살고 싶은가? 아니면 세상 속에서 승리하는 삶을 살고 싶은가? 어떤 선택을 하든 영속한 것은 없고 우리의 삶은 유한하고 언젠가는 죽음으로 끝난다는 것은 변함이 없다.

36

소박하면 삶이 편하다

옛날의 지인은 인으로 길을 삼고, 의에서 잠을 자며 자유로이 노닐었고, 밭에서 나는 간단한 채소로 허기를 달랬으며, 남을 함부로 동정하지 않았다. 무엇에도 매이지 않으니 힘쓸 일도 없고, 소박하였기에 삶이 편했다. 또한 남을 함부로 동정하여 베풀지 않았으니, 옛날에는 이러한 것들을 진리를 깨달은 자의 여유라고 하였다.

이 세상에 태어나 얻는 모든 것들은 언젠가는 모두 잃을 것들이다. 그것이 돈이나 집, 자동차와 같은 물건이든 지위나 권력, 명예 같은 것이든 결국엔 모두 나에게서 떨어져 나갈 것들이다. 그러니 그것들은 처음이나 끝이나 결코 내가 아닌 것들이다. 그런데 이런 것들을 얻고 소유하면서 집착이 생기고 나와 동일시하게 된다.

단 한 번이든 여러 번이든 얻은 것이 있다면 잃는 것도 있다. 이때 마치 나의 일부를 잃은 것처럼 상실감을 느끼게 된다. 하지만 어떤 상실이 일어나도 원래의 나는 변함이 없다. 오히려 이런 과정에서 진정한 나를 만나면 어디서 만족을 얻을 수 있는지 알 수 있다. 그것은 외부의 것이 아닌 바로 나 자신이다.

소박한 삶을 가꾸며 어디에서 구속받지 않는 삶. 이것이 바로 장자가 추구했던 삶이다. 지금도 장자가 추구한 삶을 살려는 사람이 있다. 종종 그 사람들의 삶의 모습이 텔레비전에도 나온다. 그 사람들은 홀로 살기에 여러 가지 불편한 것이 있을지는 몰라도 소박하면서도 행복한 삶을 누리면서 산다.

복잡한 도시에서 사는 것과 조용히 산 속에서 들어가 생활하는 것 중에서 어느 것이 행복할까? 장자는 산 속에서 들어가서 사는 것이 행복한 삶이라고 생각했다.

37

버려야 얻는다

한적하고 공허한 곳에서 사색과 명상으로 시간을 보내는 태도는 은자들이 주로 취한다. 맑은 공기를 마시고, 몸을 자연에 맡긴 채 호흡을 통해 기를 순환하는 모습은 오래 살기를 바라는 사람들이 즐겨 하는 행동이다.

그러나 이와 같은 노력을 기울이지 않고도 집착을 버릴 수 있다면 모든 것을 소유할 수 있다. 무위의 경지에서는 마음의 모든 경계가 사라지며 온갖 미덕이 저절로 갖추어진다. 이것이 바로 천지의 도요, 성인의 덕인 것이다.

장자의 말은 역설적이다. 집착을 버리면 모든 것을 소

유할 수 있다는 것이다. 모든 것을 버렸을 때 오히려 모든 것을 얻게 된다고 장자는 말한다. 비슷한 말로 전쟁에서는 죽고자 하면 살고 살고자 하면 죽는다는 말이 있다.

부처를 생각해 보자.

그는 왕자의 지위를 버리고 수행자의 삶을 살게 되면서 모든 것을 버렸지만, 결국은 완성된 사람 붓다가 되어 모든 것을 누렸다. 이처럼 욕심을 버리게 되면 그것보다 훨씬 값진 것을 얻을 수 있다.

성인들의 삶은 어찌 보면 어리석게 보인다. 자신의 것을 내려놓고 남의 이득을 위해 자신을 희생하는 사람이기 때문이다. 하지만 자신의 것을 버린 성인들은 결국 모든 것을 얻어 세상 속에 기억된다.

노벨평화상을 수상한 슈바이처 박사도 자신의 모든 것을 내려놓고 30대 때부터 아프리카에서 의료봉사를 하면서 보냈지만, 그의 이름은 세상에 명예롭게 남아서 그 모든 것들을 보상받았다.

이제 당신은 자신을 위해 무엇을 내려놓을 것인가?

38

인위적인 지혜로 세상은 혼란에 빠졌다

옛날 사람들은 혼돈하여 어둑한 가운데 온 세상 사람들과 더불어 담백하고도 적막한 생활을 했다. 그때는 음양이 조화되어 고요하였고, 귀신도 소란을 피우지 않았다. 사계절은 절도에 맞았고, 만물은 훼손됨이 없었으며, 모든 생물은 일찍 죽는 일이 없었다. 사람들은 비록 지혜를 가졌다 하더라도 쓸 곳이 없었다. 이것을 지극한 통일이라 말하는 것이다. 이때에는 일부러 하는 일이란 없이 언제나 자연스러웠다.

장자는 자연스러움을 강조했다. 그가 말하는 자연은 그저 산과 바다뿐만 아니라 인간과 인간 사이에서 일어나는 조화이기도 하다.

우리는 각자의 성격과 뜻을 갖고 태어났는데, 세상에 똑같은 사람은 없기 때문에 이를 수용해야 한다고 장자는 말했다.

다른 사람의 감정에 맞춰 사느라 힘든 사람은 이 점을 기억해야 한다. '자기 자신의 감정에 대한 책임은 그 자신에게 있다.'는 것이다.

타인의 감정에 대해 내가 안절부절못할 필요는 없다. 타인의 감정에 맞춰준다고 해서 그 감정을 인위적으로 바꿀 수도 없다. 그저 한 때 일어나는 일을 바꿀 수는 없다. 그냥 '그렇구나.'하고 지나쳐 버리는 게 상책이다.

모든 사람은 각자 생각이 다르다. 절대로 두 사람이 같은 생각을 가질 수가 없다. 그렇기 때문에 서로 다른 생각으로 갈등을 겪을 필요는 없다. 꼭 보고 싶지 않은 사람은 안 보면 되는 것이고, 봐야 할 사람은 그저 다름을 인정하면 되는 것이다.

나의 생각과 나의 행동으로 상대방이 변하지는 않는다. 그 사람이 스스로 변하려고 할 때 변한다.

39

벼랑에 이르러야 바다를 본다

가을에 큰물이 질 때면 모든 물줄기는 황하로 흘러든다. 도도하고 큰 흐름은 마주 선 강 언덕을 멀어지게 해서 건너편 말과 소를 구별할 수 없게 한다. 기세가 등등해진 하백은 천하의 온갖 아름다움을 모두 가졌다고 생각했다.

물은 동쪽으로 흘러 북해에 이른다. 시선을 멀리 두어도 끝이 보이지 않는다. 낙담한 하백은 탄식하며 북해의 신인 약에게 말했다.

"속담에 백 가지 도를 듣고 나면 대적할 자가 없다고 했습니다. 이제 보니 제가 그러합니다. 일찍이 공자의 도는 작고, 백이의 절개는 가볍다고 들었으나 믿지 않았습니다. 지금 저는 당신의

비할 데 없이 큰 모습 안에 있습니다. 만일 제가 당신의 넓은 세계에 들지 못했다면 깨달은 자들은 내내 저를 비웃었을 것입니다."

약이 말했다.

"우물 안 개구리는 좁은 곳에 갇혀 바다를 모르고, 여름 벌레는 시절에 갇혀 얼음을 모르고, 재주가 부족한 사람은 배움에 갇혀 도를 모릅니다. 벼랑에 이르러 바다를 대하고서야 자신의 초라함을 깨달았으니, 그대도 이제 세상의 이치를 말할 수 있게 되었습니다. 천하에 바다보다 큰물은 없습니다. 수많은 물줄기가 흘러들어도 넘치지 않습니다. 틈으로 물이 새기는 해도 마르지는 않습니다. 시절을 좇아 변하지 않으면 모자라지도 넘치지도 않습니다. 황하나 양자강 물을 담고도 스스로 수량을 뽐내지 않았습니다. 천지에 몸을 맡기고 음양에서 기운을 얻을 뿐입니다. 하늘과 땅 사이에 놓인 나는 태산에 놓인 작은 돌, 작은 나무에 불과합니다. 스스로 작다는 것을 아는 내가 어찌 크다고 말할 수 있겠습니까?"

작은 것에 갇힌 사람은 큰 것을 모른다. 장자는 재주가 부족한 사람을 개구리나 여름 벌레 등에 비유해 설명하였다. 자신이 있는 세계가 전부인 줄 알지만, 더 나아간다면 훨씬 크고도 넓은 세상이 있다는 것을 알게 된다는 것이다.

지구에만 갇힌 우리들은 지구가 전부인 줄 알지만 광활한 우주에 더 끝을 알 수 없는 세계가 있다. 자신이 전부를 안다고 자만하는 일이 없어야 할 것이다.

별 일 아닌데도 화를 내거나 안으로 상처를 받는 사람이 있다. 자동차 운전 중에 불쾌한 일을 당하면 그냥 지나치지 못하고 보복 운전을 한다.

우리는 살면서 많은 불쾌한 상황을 당한다. 그런데 어떤 사람은 그냥 지나치고 어떤 사람은 민감하게 반응한다. 특히 인간관계에서는 아주 작은 일로도 크게 상처를 받는 사람이 많다.

마음이 좁으면 상처를 받기 쉽다. 작은 일도 크게 생각하기 때문이다. 기대하는 마음이 크면 마음은 반대로 좁아지고, 자만하는 마음이 크면 새로운 지식을 받아들일 가능성이 좁아진다.

하지만 외부 상황은 내가 바라는 대로 일어나지 않는다. 기대를 크게 하지 않으면 어떤 일이 일어나도 견딜 수 있다. 넓은 마음은 기대하지 않는 데서 비롯되는 것이다. 당신도 이런 어리석음에 빠지지 말고, 큰 지혜 앞에서 바다를 바라보라.

40

남을 부러워하지 말라

외발 짐승인 기는 많은 다리를 가진 노래기를 부러워하고, 노래기는 뱀을 부러워하고, 뱀은 바람을 부러워하고, 바람은 눈을 부러워하고, 눈은 마음을 부러워한다.

서로에게 자신이 가지지 않는 것만을 본다면 세상에는 부러운 것 천지이다. 그러면 질투심도 나게 되고 마음이 편하지 않을 것이다.

세상을 바라볼 때는 남보다 내가 가진 게 무엇인지 세어보면서 살아보자. 그러면 세상에 감사한 마음도 들고 훨씬 즐거운 마음으로 살 수 있을 것이다.

질투는 경쟁이 있어야 생기는 감정이다. 그것이 직접적인 경쟁이든 간접적인 경쟁이든 말이다. 같은 대상에 대해 경쟁을 해서 지거나 혹은 남이 그저 잘 되더라도 질투는 생길 수 있다. 결국 질투는 경쟁에서 졌다고 생각할 때 생기는 것이다.

남보다 잘되려는 욕구는 누구나 가지고 있기 때문에 질투는 자연스러운 감정이다. 하지만 질투만 한다면 매우 부정적인 감정이 될 수 있다.

경쟁에서 지면 정당하게 이길 방법을 생각해야 한다. 이긴 사람을 부러워하거나 질투만 해서는 아무것도 이룰 수 없다. 질투를 한다는 것은 내가 부족하다는 것을 인정하는 것이다. 내가 바라는 것과 현실과의 차이가 바로 질투이기 때문이다.

"부러우면 지는 것이다."라는 말이 있다. 부러워하거나 질투만 하지 말고 원하는 바를 이루기 위해 노력할 때, 그리고 스스로를 긍정할 때 비로소 인생에서 이길 수 있다.

41

아내의 죽음에도 춤을 춘 장자

장자의 아내가 죽어 혜자가 조문을 갔을 때, 장자는 다리를 펴고 앉은 채로 쟁반을 두드리며 노래를 부르고 있었다.

혜자가 말했다.

"자식을 키우며 함께 했던 아내가 죽었는데 곡은 하지 않고 쟁반을 두드리며 노래나 부르다니 너무 심하군."

장자가 말했다.

"즐거워서 이러는 것은 아니네. 아내가 죽었을 때 나 역시 슬픔에 가슴이 터질 것 같았네. 하지만 정신을 가다듬고 보니 인간의 생명이나 형체도 무에서 비롯된 것이라는 생각이 들었다네.

그뿐 아니라 형태를 만드는 기조차 처음에는 없었지. 천지가 뒤섞여 있던 혼돈에서 기가 나오고, 기가 변해서 형태를 이루고 그 형태가 변해서 생명이 생긴 것이 아닌가. 그런데 이제 다시 변화가 진행되어 형태에서 기로, 기에서 혼돈, 즉 죽음으로 돌아간 것이지 않은가. 이는 계절의 순환과 마찬가지라네.

속세의 번잡함에서 벗어나 천지라는 고요한 방에서 편히 쉬려는 사람에게 내가 큰소리로 곡을 하면 내가 천명을 모르는 것이 되지 않겠는가. 그래서 내가 이러는 것이네."

장자는 죽음조차 초월한 사람이었다. 그래서 아내의 죽음에도 노래를 부를 수 있었던 것이다. 죽음은 계절의 순환같이 일종의 변화이며 다시 무로 돌아가는 자연스러운 것이라는 게 장자의 주장이었다. 장자는 자신의 죽음도 그렇게 태연히 받아들였다.

그렇다면 장자는 재물에 대해서는 어떤 태도를 취했을까? 죽음조차 넘어선 장자에게 돈 문제는 별것도 아니었다. 재물을 잃고 얻음 역시 자연의 순리에 맞춰야 한다고 주장했다.

당신은 삶에서 앞으로 가장 소중한 사람과 뜻하지 않는 이별을 하고, 큰 금전적 손해를 볼 수도 있을 것이다. 그때 장자 철학을 생각하자.

인생의 생과 사, 재물의 다과는 계절의 순환과 같아서 봄이 오면 여름이, 가을이 오면 겨울이 오듯 그것도 하나의 대자연의 순리와 같다. 그것을 깨달을 때 당신은 진정한 마음의 위안을 얻을 것이다.

42

마음을 비우면 죽음도 피한다

술에 취한 사람은 어쩌다 수레에서 떨어지는 일이 있어도 다치기는 하나 죽지 않는다. 신체는 술에 취하기 전과 같으나 마음을 놓아 자연과 가까워졌기 때문이다. 수레에 탄 것을 모르니 떨어진 것을 알 리 없다. 놀라움이나 두려움이 없으니 어떤 일을 당해도 무서워하지 않는다.

이렇게 술기운에 기대어 마음을 놓은 사람도 위험을 피해 가는데, 자연의 도에 따르는 마음은 더 말할 것도 없다. 성인은 자연의 도에 몸을 의지하기에 해를 입지 않는다.

원수를 갚으려는 사람도 막야나 간장의 명검은 부러트리지 않고, 분노한 자라도 우연히 머리

위에 떨어진 기왓장에는 화를 내지 않는다. 칼과 기왓장은 무심하기 때문이다.

모두 무심해진다면 천하는 태평해진다. 갈등과 분쟁이 없고 살육과 형벌이 없는 평화로운 세상은 무심에서 나온다. 인위의 도가 아닌 무위의 천도가 열리는 것이다.

천지자연의 도가 열리면 덕이 생기고, 인위의 도가 열리면 남을 해치려는 마음이 생긴다. 무위자연에 따르고 인위의 도에 홀리지 않으면 누구나 진실에 다가갈 수 있다.

'사랑과 미움은 한 끗 차이'라는 말이 있다. 과거 열렬히 사랑하던 연인 사이였어도 안 좋게 헤어지고 나면 언제 사랑했냐는 듯이 서로를 미워하게 된다. 또한 안티팬 중에서도 팬이었던 사람이 더 무섭다는 이야기가 있다. 한때 사랑했기 때문에 미워할 때 더욱 미워할 수 있다.

결국 사랑이라는 것은 증오와 미움으로 변화하기 쉽다는 것을 알 수 있다. 그래서 부처는 사랑에서 증오가 나온다고 말한 적이 있다. 사랑을 넘어서 무심으로 가는 길에 도가 있고 진리가 있다.

자연은 무심하지만 우리들을 위해 많은 것들 준다. 자연은 생색내며 우리를 도와주지 않는다. 그냥 무심히 해가 뜨고 달이 뜨고 별이 뜨고 썰물과 밀물이 왔다 갔다 할 뿐이다. 그런 무심한 천체의 운행이지만 그것이 없다면 우리는 살 수 없다. 자연은 이처럼 무심한 마음으로 우리의 삶을 도와준다.

43

마음을 차분히 하라

재경이 나무를 깎아 북 받침대를 만들었다. 완성된 북 받침대를 보고 사람들은 신의 솜씨라고 감탄하였다.

노나라 임금이 물었다.

"너는 대체 어떤 기술로 이것을 만들었느냐?"

재경이 대답했다.

"신은 평범한 목수에 불과해서 특별한 기술은 없습니다. 하지만 굳이 말씀 드리자면 일을 하는 동안 기운을 지나치게 쓰지 않도록 조심하고는 있습니다. 그렇게 하기 위해 일을 시작하기 전에 반드시 몸을 단정히 하고 마음을 차분하게 가라앉힙니다. 사흘을 이와 같이 하면 보상을 바

라는 마음이 없어지고, 닷새가 지나면 비난과 칭찬 또한 익숙함과 서투름에 대한 소망이 없어지고 이레가 지나면 동요가 사라져 내 몸이 있다는 사실조차 잊게 됩니다. 이러한 무심의 경지에서는 어떠한 압력에도 굴하지 않게 되어 조금도 동요하지 않습니다. 무심의 경지에 이른 뒤에는 산속에 들어가 쓸 만한 재목을 찾아다닙니다. 재목을 찾으면 먼저 마음속에서 구상을 하고 일을 시작합니다. 만일 이러한 과정이 제대로 이루어지지 않으면 일을 멈춥니다. 나무와 사람의 본성이 일치해야 솜씨를 발휘할 수 있는 것입니다."

이 목수는 일을 할 때 몸을 단정히 하고 마음을 차분하게 가라앉힌다. 당신이 일을 할 때도 마찬가지다. 몸을 단정히 하고 마음을 차분하게 가라앉히는 게 중요하다. 머릿속이나 책상 위가 번잡하다면, 일의 효율도 그만큼 떨어질 것이기 때문이다.

제갈공명은 마음을 차분하게 하는 것을 학문의 기본이라고 하였다. 삼국지의 가장 뛰어난 전략가였던 그 역시 마음을 차분하게 하는 공부법으로 최고의 지략가 자리에 올랐다.

요즘 차츰 대중 스포츠화되어가는 골프는 멘탈 스포츠라고 한다. 그만큼 마음을 다스리는 것이 중요하다는 것이다. 골프를 칠 때도 마음을 가라앉히고 차분해야 잘 칠 수 있다. 조금 샷이 안 좋다고 흔들리면 그날 경기를 망칠 수도 있다. 그래서 프로 골퍼들은 신체적 훈련도 중요하지만, 멘탈 훈련을 매우 중요하게 생각한다.

골프만 그럴까? 그렇지 않다. 축구를 하는데도 마찬가지다. 승부차기를 생각해 보자. 얼마나 긴장되고 떨리는 순간일까. 하지만 프로축구 선수들은 긴장을 풀고 마음을 차분하게 가져서 골을 만들어낸다.

당신이 하는 일도 마찬가지다. 우리는 언제나 크고 작은 선택을 하고, 그 선택에 책임을 지는 형식으로 일을 한다. 성공적으로 비즈니스에 임하기 위해서는 정신력이 중요하다. 흔들리지 않는 차분한 마음을 가져야 일도 잘되는 것이다.

44

현명하면 모함받고, 어리석으면 속게 된다

장자가 말했다.

"나는 쓸모 있는 것과 쓸모없는 것의 중간으로 하고 싶다. 하지만 중간이라는 것이 도에 가까운 것 같으면서도 멀어서 화를 완전히 면할 수는 없다. 만일 속세를 벗어나 자연에 의지해 살아간다면 달라질 수 있겠지만 만일 그럴 수 있다면 명예나 비방도 없고, 용이 되거나 뱀이 되기도 하면서 한곳에 머무르지 않게 된다.

어떤 때는 올라가고 어떤 때는 내려오며 조화의 법도에 따르게 되고 만물을 근원으로 대하니 그 무엇에도 얽매이지 않는다. 신농과 황제는 이러한 것을 법칙으로 삼았다. 그러나 만물이 놓인

현실이나 사람이 만들어낸 도리는 그렇지가 못하다. 모이면 흩어지고, 세워지면 무너지고, 모가 나면 깎이고, 높아지면 구설수에 오르고, 마음먹고 행하면 그릇되고, 현명하면 모함 받고, 어리석으면 속게 되니 어찌 화를 면할 수 있겠는가. 슬픈 일이다. 자네들은 자연의 도에 따르는 것만이 화를 면할 수 있는 길이라는 사실을 명심해야 한다."

장자는 자연의 도에 따르는 것이 화를 면할 수 있는 방법이라고 하였다. 하지만 세상이 어찌 그런가? 자연의 도를 따랐는데도 화를 입는 경우가 많다. 속세의 삶이 힘들다지만, 자연의 삶 역시 편안하지 않다. 그 삶에도 그 삶이 가진 무게가 있기 마련이다. 이렇게 사나 저렇게 사나 힘들기는 매한가지일 것이다.

하지만 고통과 기쁨이 공존하는 삶이야말로 진정한 삶이다. 사람에게 매번 기쁜 일만 일어난다면, 더 이상 그것이 기쁘게 느껴지지 않는 순간이 올 것이다. 편안한 삶만을 추구한다면 우리는 발전이 없을 것이다. 어디서 일을 하고, 어디서 살아가든 이것이 자연의 도이다.

45

겸손하면 사랑 받는다

양자가 송나라에 갔을 때 어떤 주막에서 겪은 일이다. 주막의 주인에게는 두 명의 첩이 있었는데, 한 명은 미인이고 또 다른 한 명은 추녀였다. 그런데 주인은 뜻밖에도 추녀를 예뻐하고 미인은 구박하였다. 이상하게 생각한 양자가 주인에게 그 이유를 물었다.

주인이 그 까닭을 말했다.

"미인은 자신의 외모만 믿고 건방지게 행동합니다. 그런 그녀가 제 눈에는 아름답게 보이지 않습니다. 그러나 못생긴 여자는 자신이 못생겼다는 사실을 알고 겸손하게 행동합니다. 이런 행동 때문에 저는 그녀를 좋아합니다."

제자들아 명심해라. 뛰어난 능력을 발휘하면서도 겸손하게 행동하면 어디서나 사랑을 받을 수 있는 것이다.

여기서는 겸손의 중요성을 말하고 있다. 능력이 출중하거나 외모가 뛰어난 사람이 있을 수 있다. 하지만 그 사람들이 오만하다면 사랑받지 못할 것이다.

그런데 능력이 조금 부족하고 외모가 떨어지더라도 마음이 겸손하다면 그 사람은 사랑받을 수 있다. 이 사실을 안다면 하늘로부터 주어진 능력이나 외모에 대해 불평하는 마음을 줄일 수 있다. 조금 부족하게 주어졌더라도 마음을 가꿈으로써 그 보상을 받을 수 있으니까 말이다.

당신도 누구나 인정할 만큼 뛰어날 수도 그렇지 않을 수도 있겠지만, 자신이 하는 행동에 따라 사랑받을 수도 미움 받을 수도 있다. 모든 것을 갖춘 사람은 겸손한 마음을 지녀야겠고, 재능이 좀 부족하더라도 절망하지 말고 행동을 조심하고 겸손하면 충분히 성공하고 사랑받는 인생을 살 수 있을 것이다.

46

지위 얻음을 걱정하지 말라

견오가 손숙오에게 물었다.

"선생께서는 세 번이나 영윤의 자리에 오르셨지만 영광으로 여기지 않으셨고, 세 번이나 자리에 내몰리셨지만 근심하는 기색을 보이지 않았습니다. 처음에는 선생의 태도가 위선이 아닐까 생각해 보았지만, 이제 보니 진심으로 기뻐하고 계십니다. 대체 선생께서는 어떻게 마음 쓰시기에 이와 같을 수 있습니까?"

손숙오가 대답했다.

"그렇다고 내가 다른 사람보다 우월한 것은 아니오. 나는 단지 내게로 오는 것을 물리치지 못하고 가는 것을 붙잡지 못할 뿐이오. 또한 지

위를 얻고 잃음은 내 뜻대로 되는 것이 아님을 아는데 근심한들 무엇하겠소.

사람들이 나에게 경의를 표하는 이유가 나의 됨됨이 때문인지, 아니면 영윤이라는 벼슬 때문인지 그조차도 알 수 없는 일이오. 홀가분한 마음으로 세상을 둘러보려는 내게는 세속적인 부귀나 비천에 마음을 쓸 여유가 없소."

이 말을 전해들은 공자가 자기 생각을 이야기했다.

"옛날의 진인은 지혜로도 설득되지 않았고, 미인도 유혹하지 못했으며, 도둑도 감히 접근하지 못했고, 복희나 황제라도 친구로도 사귈 수가 없었다. 사람에게 있어서 가장 큰 문제인 생사도 초월했는데, 벼슬이나 봉록은 말해 무엇하겠느냐?"

진인의 경지에 이르면 큰 산도 정신의 흐름을 가로 막지 못하고, 깊은 못이나 샘물에도 젖지 않으며, 비천한 자리에 있어도 고달프지 않고, 마음이 천지에 미치지 않은 곳이 없다. 남을 위해 모든 것을 아낌없이 내어주지만 자신은 오히려 더욱 풍부한 경지에 이르게 된다.

진인은 벼슬을 한다고 해서 기뻐하지 않고 그 자리에서 쫓겨났다고 근심하지 않는다. 이미 생사도 초월한 진인에게 벼슬 따위가 문제가 될 리 없다. 그래서 진인은 진정한 자연을 노니는 자연인이었던 것이다.

이런 경지에 오르는 것은 쉽지 않다. 그래서 장자의 사상이 쉽다고 생각한다면 큰 코 다치기 쉽다. 말로는 재미있고 흥미로워 보일지는 몰라도 그것을 실천하는 것은 다른 일이기 때문이다. 공자의 말보다도 더 실천하기 어려운 것이 바로 장자의 사상이다.

당신의 미래와 노후 역시 그리 밝지 않을지도 모른다. 지금의 불황이 계속 된다면 원래 있던 자리마저 흔들릴 수도 있고, 취업하기 힘든 시절이 이어질 수도 있다. 그럼에도 불구하고 취업하지 않는다고 해서 불행해질 이유는 없다.

장자의 말을 잘 들어보면 취업을 하지 못한다고 해서 꼭 행복하지 못하다는 것은 아니다. 자연과 노니는 마음이 있다면 그 사람은 사회의 고정관념이나 압박에서 벗어나 자유로운 삶을 살 수 있을 것이다. 그런 마음으로 임한다면, 언젠가 기회가 찾아왔을 때 초조해하지 않고 침착할 수 있다.

47

한 우물을 파라

초나라의 대사마 밑에 쇠를 두드려 띠 장식을 만드는 사람이 있었는데 나이가 80이 넘었는데도 빼어난 솜씨를 자랑했다. 대사마가 물었다.

"그대는 나이가 많은데도 뛰어난 솜씨를 발휘하니 무슨 비결이라도 있는 것인가?"

노인이 대답했다.

"신은 지키는 것이 있습니다. 신은 20세부터 쇠로 된 띠 장식을 벼리기 좋아해 다른 일에는 전혀 관심을 두지 않습니다."

장인의 말을 곰곰이 생각해 보면 자신의 기술이 가장 뛰어나다는 확신이 있었기에 지금의 경지에 이를 수 있었다는 얘기다. 한 가지 일에만

전심전력하는 사람은 모두 이와 같은 것이다. 확신을 갖고 한 가지 일에 집중한다면 무엇인들 못 이루겠는가.

장자의 말은 현대의 자기 계발서보다도 깊은 깨달음을 준다. 한 가지 일에만 전심전력하라는 것이다. 이것은 "한 우물을 파라."는 말과 똑같은 말이다. 이것저것 조금씩 하는 사람은 그 사람만의 우물을 발견하지 못해 목이 말라 죽고 말 것이다.

한우물만 파는 사람은 깊이 팔 수 있기에 시원한 물을 먹을 수 있다. 맹자도 "물이 나올 때까지 우물을 파라."는 말을 한 적이 있다. 예나 지금이나 세상의 이치는 동일하다.

이 책을 읽는 당신도 자신만의 장기를 만들자. 자신만의 장점을 찾아 10년이고 20년이고 그것을 향해 돌진하는 것이다. 그렇다면 당신이 평범하다고 생각했던 일상이 어느 순간 비범해져 있을 것이다.

아무리 작은 장점이라도, 꾸준히 밀고 나아간다면 큰 힘이 될 수 있다. 남들이 한 눈에는 알아볼 수 없을지라도 장기적으로 인생을 이끌어나갈 수 있는 힘이 된다. 자신만의 장기에 모든 것을 건다면 분명 성공해서 행복한 삶을 살 수 있을 것이다.

48

왕이 되기를 원하지 말라

경상초는 노담의 제자였다. 그는 한동안 노담에게서 가르침을 받은 뒤에 북쪽에 있는 외루라는 산간 마을에 살았다. 경상초가 외루에 들어와 산 지 3년이 지날 무렵, 마을에는 큰 풍년이 들었다. 모처럼 풍성한 수확을 거둔 마을 사람들은 경사가 생긴 원인을 이야기하다 경상초에게 그 공을 돌렸다.

이 말을 전해들은 경상초는 노담이 있는 남쪽을 바라보고 앉아 깊은 생각에 잠겼다. 기뻐해야 할 스승이 뜻밖에도 시름에 잠긴 모습을 보이자 제자들이 당황해 하며 그 이유를 물었다.

경상초가 대답했다.

"너희들은 왜 내가 이상하다고 생각하느냐? 봄에는 양기가 성해 모든 초목이 싹을 틔우고, 가을이 되면 온갖 열매가 열리게 마련이다. 자연의 도가 없다면 계절의 변화가 어떻게 일어나겠느냐? 지인은 작은 방에 죽은 듯이 앉아서도 백성을 감화시키나, 그에게 감화된 백성들은 제멋대로 행동하면서 지인의 덕을 곧 잊어버리고 만다.

외루 마을 사람들이 나를 현인으로 높이는 것도 이와 무엇이 다르겠느냐? 만일 내가 이를 수락한다면 나는 무위자연의 경지를 떠나 세속의 표적이 될 것이다. 이것은 노담 선생님의 가르침에서 크게 벗어나는 것이다."

세상 사람들은 왕이 되기를 원한다. 왕이 되면 부귀와 명예를 누리고 자기 마음대로 할 수 있는 것이 많기 때문이다. 하지만 노자의 도를 배운 경상초는 달랐다. 그에게 왕이 되는 것은 무위자연의 도에서 벗어나는 좋지 못한 일이었다.

그래서 그는 세속의 표적이 되는 것을 걱정했던 것이

다. 이를 이어받은 장자 역시 마찬가지 생각이었다. 왕보다도 더 높은 경지가 있다는 것은 흥미로운 이야기이다.

물론 왕이 되기도 쉽지 않다. 하지만 그보다 더 높은 경지를 추구하는 사람들도 있었다는 것이다. 당신은 왕이 되고 싶은가, 아니면 더 높은 경지의 사람이 되고 싶은가.

노자와 장자의 사상을 배우면 세상에서 성공하는 왕이 되는 길뿐만 아니라 그것을 벗어나 자유의 경지에서 노니는 자연인이 되는 길 또한 역시 배울 수 있을 것이다.

이것을 현대식으로 표현하자면 CEO가 되는 길을 선택하는가, 아니면 자유로운 영혼의 삶을 선택하는가로 생각해 볼 수 있다.

당신은 어떤 삶을 선택하고 싶은가?

49

상황에 맞게 행동하라

예는 활솜씨가 뛰어나 자기 앞을 지나는 새는 반드시 쏘아 맞혔다. 그러나 천하를 새장으로 본다면 세상의 모든 새를 가둘 수 있다.

탕왕은 포인을 써서 이윤을 휘하에 둘 수 있었고, 진나라 목공은 양가죽 다섯 장으로 백리해를 거느릴 수 있었다. 이로 미루어 보면 상황에 맞게 행동하는 것이 성공을 이루는 길임을 알 수 있다.

활솜씨가 뛰어나 모든 새를 맞출 수 있는 것은 대단한 능력이다. 하지만 좀 더 지혜를 발휘해 보자면 모든 새는 이 지구상에 갇혀 있다고 볼 수 있다. 그리고 사람이 사람을 활용하는 것도 하나의 지혜이다. 삼국지에서는 유비가 제갈량을 활용해서 천하의 왕으로 오르게 된다.

이렇게 보았을 때 장자는 세상을 살아가는 지혜도 알려주고 있다. 그것은 새로운 시각을 갖고 사람들 간의 관계에 힘쓰라는 것이다.

장자는 상황에 맞게 행동하는 게 성공을 이루는 길이라고 했다. 장례식에서는 장례식에 맞는 예의로, 결혼식에는 결혼식에 맞는 행동으로, 돌잔치에는 돌잔치에 어울리는 행동을 해야 한다. 배울 때는 배우는 자의 자세로, 가르칠 때는 가르치는 자의 자세로 해야 올바른 것이다.

이처럼 상황에 맞게 행동하면 성공할 수 있다고 장자는 말했다.

50

가장 좋은 벗은 기대를 버리고 신뢰를 쌓는 것이다

관중이 병이 났을 때 제나라의 환공이 걱정어린 기색으로 물었다.

"그대의 병이 몹시 위중해 보여 도리가 아닌 줄 알면서도 묻겠소. 그대가 회복되지 못하면 과인은 누구에게 국정을 맡겨야 하겠소."

관중이 말했다.

"임금님께서는 누구를 마음에 두고 계십니까?"

잠시 생각한 뒤에 환공이 대답했다.

"포숙아가 어떻겠소."

관중이 대답했다.

"포숙아는 적당하지 않습니다. 그는 착하고 청렴결백하기는 하나 자기만 못한 사람을 멀리

하고 남의 잘못을 평생 탓하는 성품입니다. 만일 그가 나랏일을 책임진다면 위로는 임금님의 뜻을 어길 것이고, 아래로는 백성들의 기대를 저버릴 것입니다. 이로 인해 임금님께서 잘못을 저지르게 될 것입니다."

관중과 포숙아는 유명한 친구사이다. 둘의 관계가 아주 돈독했다고 한다. 그럼에도 불구하고 관중은 포숙아를 높은 지위에 추천하지 않았다. 서로를 잘 알았기에 그 자리에 포숙아가 적당하지 않다는 것을 알았던 것이다.

이는 꼭 나쁘게만 볼 것이 없다. 적당하지 않은 자리에 들어가 포숙아가 해를 입는 상황을 미리 막으려는 관중의 생각이었으니까 말이다.

하지만 포숙아가 볼 때는 서운하게 여길 수도 있다. 자신의 벼슬자리를 관중이 막았으니까 말이다.

당신도 타인에게서 서운하고 속상한 일을 겪은 적이 있는가? 다른 사람에게 서운한 마음을 가진 이유는 그 사람에게 무언가를 기대했기 때문이다. 기대한 만큼 실망하게 되고, 관계는 멀어지게 된다.

그러니 가장 좋은 것은 기대를 버리고 신뢰를 쌓는 것이다. 저마다의 뜻을 존중하며 선의를 주고받으면 인간관계가 수월해질 것이다.

51

성인은 오로지 하늘을 스승으로 여긴다

성인은 얽히고설킨 만물과 복잡한 세상사에도 두루 밝아 모든 것을 꿰뚫어 안다. 그러면서도 성인은 자신의 경지를 의식하지 않는다. 오로지 하늘을 스승으로 여기고 천명에 의지하니 사람들에게 성인으로 존경을 받는 것이다.

성인은 인간으로서 오르기 힘든 경지에 오른 사람이다. 이 사람들은 하늘을 스승으로 여기고 천명에 의지한다. 하늘의 뜻을 따르고 하늘의 뜻에 따라 산다는 것이다. 그렇기에 세상사에도 밝을 수 있다. 이런 성인은 조건 없는 사랑을 베푼다. 그래서 세상 사람들 모두 성인을 떠받드는 것이다.

세상에는 부자가 되고 싶어 하는 사람들도 많다. 하지만 더 높은 목표를 말하자면 성인이 되는 꿈을 꾸면 어떨까. 부유해지는 것도 행복해지는 삶이겠지만 성인이 되어 더 많은 사람들을 행복하게 만들면 그것도 의미 있는 삶일 것이다.

성인은 예수, 소크라테스, 붓다, 마호메트 같은 사람들을 말한다. 이들은 대개 종교의 지도자가 되었다. 이들은 하늘의 뜻을 소중하게 생각한다. 자신의 생각이 아닌 하늘, 즉 신 또는 우주의 정신을 따를 때 진정으로 자유롭게 살 수 있다고 생각한 것이다.

52

큰 사람은 작은 일에도 최선을 다 한다

"산은 흙과 돌이 층층이 쌓여 생겨나고 시내가 합쳐져 강을 이루는 것이네.

사람의 경우에도 이와 다를 바 없어. 대인은 작은 일에도 성의를 다해 큰일을 이룬다네. 그러므로 대인은 자기의 주장이 있더라도 다른 사람의 의견을 귀담아 듣고, 마음에 다짐한 바가 있어도 다른 사람의 생각을 무시하지 않는다네."

우리는 작은 일을 소홀히 하기 쉽다. 하지만 중요한 것은 작은 일이다. 작은 일들을 잘 수행했을 때 우리에게 큰 일을 할 수 있는 기회도 주어진다.

100 - 1 = 99가 아니다. 100 - 1 = 0이 될 수도 있다.

작은 일의 중요성을 말해 주는 말이다. 작은 일은 신경 쓰기 쉽지 않지만, 작은 구멍을 막았을 때 큰 댐이 범람하는 것을 막을 수 있듯이 중요한 역할을 한다. 그래서 장자는 대인은 작은 일에도 성의를 다해 큰일을 이루어 낼 수 있다고 주장한 것이다.

우리의 인생은 길지만, 그 긴 시간은 짧은 순간들로 이루어져 있고, 삶의 방식 또한 작은 습관들로 이루어져 있다. 그러니 작은 것을 소홀히 한다면, 자연스럽게 큰일에서 멀어지는 소인배가 되고 마는 것이다.

현대 심리학용어로 "깨진 유리창 법칙"이 있다. 도시에 있는 유리창을 깨진 채로 방치했더니 온갖 사고가 많이 일어났다는 것이다. 유리창만 새것으로 바꾸면 범죄는 발생하지 않는다는 것이다.

이처럼 작은 일에 충실히 대처했을 때 더 큰일이 나타나는 것을 막을 수 있는 것이다.

53

나중에 돕겠다고 말하지 말라

장자가 감하후에게 양식을 꾸어달라고 부탁했다. 감하후가 말했다.

"알았네. 내 봉읍에서 세금이 걷히는 데로 3백금을 꾸어주지. 그거면 되겠는가?"

장자가 화난 빛으로 말했다.

"제가 어제 이곳에 오는 길에 누군가 부르는 소리가 들렸습니다. 돌아보았더니 수레바퀴 때문에 파인 조그마한 물웅덩이에서 버둥거리고 있는 붕어였습니다. 붕어에게 저를 불러 세운 까닭을 물으니 붕어는 다급한 목소리로 대답했습니다.

보시다시피 제 형편이 몹시 위급합니다. 한

말이나 한 되 가량의 물이면 충분하니 가져다 나를 살려 주실 수 없겠습니까?

저는 붕어의 형편이 하도 딱해 보여 당장 오나라와 월나라로 가서 서강의 물줄기를 끌어들여 큰물로 옮겨 가도록 해 주겠다고 말했습니다. 그 말을 들은 붕어는 크게 화를 내며 말했습니다.

저는 지금 지내기에 아쉽지 않을 만큼의 물이 필요한 것입니다. 그 양은 한 말이나 한 되쯤이면 충분합니다. 그런데 당신은 아득한 얘기나 하고 있으니 차라리 어물전에 가서 누워 있는 편이 낫겠습니다."

우리가 필요로 하는 것은 그렇게 많은 것이 아니다. 타인도 마찬가지다. 그런 작은 도움을 주는 것을 마다하지 말자. 부자가 되어 사람들을 돕겠다는 사람이 있다. 하지만 부자가 아니라도 작은 도움이라도 줄 수 있다.

부자가 되어 돕겠다는 사람은 실제로 부자가 되어서도 남을 돕지 않는다. 남을 돕는 것은 부족하더라도 지금부터 돕는 것이다. 지금 돕는 습관이 있을 때 부자가 되어서도 더 많은 돈을 내놓을 수 있게 되는 것이다. 어려운 사람에게 필요한 것은 지금의 당장의 작은 도움이다.

우리 주위에는 형편이 넉넉하지는 않지만 기부를 꾸준히 하는 사람들을 볼 수 있다. 그런 사람들의 기부는 아직까지는 미미한 수준이겠지만 더 많은 사람들이 참여하면 큰 결과를 가져올 수도 있을 것이다. 즉, 도움이 필요한 사람들의 삶을 도와 사회적 안전망이 구축되는 것이다.

한 사회의 구성원으로서 그런 일에 도움이 되는 삶은 행복한 인생이다. 당신도 주변의 어려운 사람을 외면하지 말고 지금부터라도 종종 조금씩 돕는 것을 실천해 보면 좋을 듯하다.

54

말은 금방 잊힌다

통발은 물고기를 가두어 잡는 도구인데, 물고기를 얻고 나면 통발은 잊어버린다. 올무는 토끼를 잡는 도구인데, 토끼를 잡고 나면 올무는 잊어버린다. 말은 마음을 상대방에게 전달하는 수단이다. 하지만 통발이나 올무처럼 잊히고 만다.

그래서 뜻은 알기 어렵고 말은 지키기 어렵다는 것이다.

우리가 사는 세계에서 말은 중요하다. 만약 우리에게 언어가 없었더라면 동물과 같은 삶을 살고 있을 것이다. 우리는 말을 할 수 있기에 서로 의사소통을 하며 사회를 유지하며 살아갈 수 있다.

우리말은 말의 의미와 더불어 마음의 상태까지도 전달할 수 있다. 하지만 한번 뱉은 말은 어디에 저장해 놓지 않는 한 그냥 잊히고 만다. 그래서 말을 지키기 어렵다는 말이 나온 것이다.

효과적인 말단속은 우리의 성공과 실패를 좌우하는 최고의 기술이다. 자신의 학력과 경험, 성격은 잊어버려라. 말을 하기 전까지는 아무 일도 일어나지 않는다.

모든 것이 우리의 입에서 나오는 말에 달려 있다. 우리가 인생에서 바라는 모든 것이 우리가 무슨 말을 어떻게 하느냐에 달려 있는 것이다. 그 사실을 잊고 말을 절제하지 못하면, 십중팔구 실패의 쓴잔을 마시게 될 것이다.

55

자신보다 귀한 것은 없다

전국시대 때 국경이 맞닿아 있던 한나라와 위나라는 영토 분쟁이 잦았다. 자화자의 방문을 받은 한나라 임금 소희후는 이로 인해 근심어린 표정을 하고 있었다.

자화자가 말했다.

"여기에 천하 사람들이 증명한 문서가 있다고 가정하겠습니다. 이 문서를 왼손으로 집으면 오른손이 잘리고 오른손으로 집으면 왼손이 잘립니다. 이 문서를 취하는 자는 천하를 차지한다고 적혀 있으면 임금께서는 이 문서를 어찌하시겠습니까?"

"취하지 않겠다."

자화자가 말했다.

"옳은 말씀입니다. 두 팔은 천하보다 소중하며 몸은 두 팔보다 더욱 소중합니다. 임금님께서 걱정하는 한나라는 천하에 비해 훨씬 가볍고 위나라와의 분쟁이 있는 이 영토도 나라의 무게와는 비교조차 할 수 없을 만큼 가볍습니다. 그런데도 임금께서는 보잘 것 없는 땅 때문에 몸을 해치는 것은 물론 생명까지 위태롭게 만드시겠습니까?"

소희후가 말했다.

"옳은 말이오. 지금까지 많은 사람이 나를 일깨워 주려 했지만 이와 같은 말을 한 사람은 일찍이 없었소."

자화자는 일의 가볍고 무거운 정도를 알았기에 소희후의 마음을 움직일 수 있었던 것이다.

자신의 몸보다 중요한 것은 없다. 그럼에도 물질에 대한 탐욕으로 자신의 수명을 다하지 못하고 죽는 경우도 많다. 일중독에 걸린 사회인을 생각해 보자. 일을 통해 많은 돈은 벌지만 갑자기 병에 걸려 죽는 경우도 많다.

이 이야기를 하고 보니 톨스토이의 동화가 생각난다. 사람에게 땅은 얼마나 필요한가라는 동화이다. 이야기는 다음과 같다.

한 농부가 땅을 준다는 사람을 만나 하루 종일 걷는 면적만큼 땅을 받을 수 있는 기회를 얻는다. 아침 일찍부터 출발해 해가 떨어질 때까지 걸었으나 돌아오는 길에 죽고 말았다. 결국 그는 한 평의 땅에 묻혀 죽었다. 그에게 필요한 땅은 단 한 평에 불과했다.

이처럼 욕심을 내는 삶은 자신의 수명마저도 짧게 만든다. 자연이 정해진 수명을 살기 위해서는 자연에 순응하고 무위자연의 도를 깨달아야 한다.

당신의 몸을 생각해 보자. 당신은 직장에 취업해서 일하고 월급을 받고 싶겠지만 과연 자신의 가치가 월급 수준일까?

저자는 당신이 10억, 100억 원 이상의 가치를 지니고 있다고 믿고 싶다. 사실 누구도 100억 원을 준다고 하더라도 목숨을 걸지는 않을 것이다. 그렇다는 것은 100억 원 이상의 가치가 있다는 이야기이다.

56

도척이 공자를 꾸짖다

공자가 도척을 향해 천천히 입을 열었다.

"천하에는 세 가지 덕이 있다고 들었습니다.

태어나면서 탁월함으로 노소와 귀천을 기쁘게 하면 상덕이라 하고, 지혜와 재능이 천하 만물을 능히 부릴 만큼 뛰어나면 중덕이라 합니다. 또한 많은 무리를 용맹하게 이끄는 것은 하덕입니다.

대체로 사람은 이 셋 중 하나만 갖추었어도 남면하여 고라고 부를 수 있습니다. 그런데 장군께서는 이 세 가지의 덕을 겸비하고 있습니다."

공자의 말에 도척이 크게 화를 내며 말했다.

"하늘과 땅은 끝이 없으나 인간의 죽음은 때가 있는 것이다. 유한한 존재가 무한한 천지 사

이에 잠시 머무는 것은 마치 준마가 문틈으로 지나가는 것과 같다. 이를 잊고 욕망에 사로잡혀 자연이 허락한 수명을 다하지 못하는 것은 도를 모르기 때문이다.

네가 말하는 것들은 모두 내가 버리는 것들이다. 그러니 당장 돌아가 다시는 나에게 훈계하려 들지 말라. 너의 말은 도에서 크게 벗어나 있고, 속임수와 간사함이 느껴질 뿐이다. 이것은 참된 본성을 해칠 뿐이니 어찌 대화를 계속할 수 있겠는가?"

공자와 장자는 다른 의견을 가지고 있다. 장자는 도척을 통해 자신이 하고 싶은 말을 전하고 있다. 천하에 공자 같은 사람들이 오히려 참된 본성을 해치고 있다는 것이다. 그리고 자연에 순응하는 무위자연만이 이 세상이 지녀야 할 올바른 가치라는 것을 알리고 있다.

인간의 수명이라는 것도 하늘이 정해 준 것이라고 장자는 생각했다. 그래서 타고난 본능과 자연이 정한 수명을 다하고 자연으로 돌아가는 것이 사람들이 지켜야 할 올바른 도리라고 생각한 것이다.

57

서인의 칼을 쓰지 말라

"칼에는 천자의 칼과 제후의 칼과 서인의 칼이 있습니다.

천자의 칼은 천하를 재료로 삼아 날을 세우고 음양과 오행으로 제어하며 계절로써 단련합니다. 이 칼은 막거나 받을 자가 없어서 위로는 창공에 떠 있는 구름을 베고 아래로는 대지를 붙들어 맨 동아줄을 단칼에 끊기도 합니다. 한번 휘두르면 제후들과 천하가 무릎을 꿇습니다.

제후의 칼은 용맹하고 어질며 지혜로운 선비의 기개가 재료를 이룹니다. 가운데로는 백성의 뜻에 따라 나라를 편안하게 합니다. 이 칼을 한 번 휘두르면 번개와 천둥이 진동하는 것 같아 만

백성이 복종하니 이것이 제후의 칼입니다.

서인의 칼은 경박한 복장을 한 무사의 손에 쥐어져 왕 앞에서조차 베고 찌르기를 서슴지 않는 야만스러운 도구입니다. 이 칼을 휘두르는 것은 마치 닭싸움과 같아 목숨을 앗아 버리게 해 나라에 손실이 될 뿐입니다.

왕께서는 천자의 자리에 계시면서 서인의 칼을 가까이 하시니 신은 폐하의 안위가 염려되옵니다."

장자는 왕을 상대로도 대화를 잘하는 사람이었다. 문왕의 질문에 장자는 당황하지 않고 차분하게 문왕의 기분을 상하지 않게 대답하고 있다.

우리도 대학에 가거나 회사에 들어갈 때 면접을 보게 된다. 대개 높은 자리에 있는 사람들이 면접 심사위원이 되는 경우가 많다. 그럴 때 어떻게 대답해야 할까?

장자를 읽은 사람이라면 당황하지 않고 말할 수 있을 것이다. 자신이 생각을 조리 있게, 하지만 상대방의 기분을 상하지 않게 배려하면서 말을 해야 할 것이다. 이는 몇 천 년 전 장자의 시대에도 마찬가지다. 사람이란 그 본질적인 부분은 변하지 않는다. 상대방을 존중하는만큼 존중받을 수 있는 것이다.

중요한 협상 자리를 생각해 보자. 중언부언한다면 누구도 잘 듣지 못할 것이다. 미래는 자신의 의견을 조리 있게 말할 수 있는 사람이 대접받는 사회가 될 것이다. 이를 위해서 우리는 말을 많이 하는 것이 아닌 자신의 의견을 정확하게 전달하기 위해 노력해야 한다.

58

자신을 바꿔라

공자는 슬픈 기색으로 나이 지긋한 어부에게 예를 올리며 말했다.

"저는 노나라에서 두 번 추방되었고, 위나라에서는 왔다 간 흔적조차 없어지는 치욕을 겪었으며, 송나라에서는 살해 위협을 받았고 진나라와 채나라에서는 불량배들에게 수모를 겪기도 했습니다. 특별히 잘못을 저지른 일도 없는 제가 네 번씩이나 이런 일을 당한 까닭은 무엇입니까?"

노인은 말했다.

"그대는 지금 인과 의를 내세우고 같음과 다름의 차이에 집착하며 움직임과 고요함 사이를 적당히 오가며 좋아하고 싫어하고 화내고 기뻐

하는 감정을 조화시키지만 화를 피하기는 어려울 것이다. 수양에 힘쓰고 신중하게 본성을 지켜 외부에 관여하지 않는다면 얽매임이 없을 터인데 여전히 남에게서 깨달음을 구하면서 어찌 화가 피해가기를 바라는가?"

여기서 노인은 노자와 장자의 입장을 대변하는 것이라고 볼 수 있다. 장자는 인위에 의한 정치를 부정했다. 인위를 벗어나 참된 자연의 무위에 의한 다스림이 되어야 된다고 주장한 것이다.

이는 그때 당시의 정치상황과도 연관이 있다. 옳지 못한 지도층들이 득세하는 가운데 인위를 내세우는 사람들이 더 세계를 좋지 못하게 만들고 있다는 것을 장자는 알았다. 그래서 장자는 인위를 말하는 공자를 비판했다.

또한 장자는 공자에게 자신수양을 할 것을 명하고 있다. 자신을 갈고 닦는 것이 사회나 국가를 바꾸는 것 이상으로 중요하다는 것을 장자는 알았던 것이다. 실제로 세상을 바꿀 수는 없고, 바꿀 수 있는 것은 오직 자신뿐이다.

하지만 자신을 바꾸면 주위 사람들이 바뀌고 사회가 바뀌고 국가가 바뀌니까 세상을 바꿀 수도 있게 되는 것이다.

59

자연에서 태어나 자연으로 돌아가다

장자가 죽음을 예감하자 제자들이 모여 성대한 의식을 준비했다.

장자가 이를 말리며 말했다.

"나는 하늘과 땅을 관으로 삼고, 해와 달로써 한 쌍의 큰 옥을 삼으며, 별을 아름다운 구슬 장식으로 삼고, 만물을 부장품으로 여길 것이다. 이것이면 충분하지 무엇이 더 필요하단 말인가."

제자들이 말했다.

"까마귀나 솔개가 선생님의 시신을 쪼아댈 것이 두렵습니다."

장자가 말했다.

"땅 위에 놓이면 까마귀나 솔개가 탐하고, 땅

속에 누이면 벌레가 탐하는 것이 당연한 자연의 이치거늘 이를 어찌 막으려 한단 말인가. 억지로 공평하게 한다면 이는 불공평한 것이다. 자연이 아닌 인간의 지혜에 의지한 감동은 감동이라고 할 수 없다. 지혜가 밝은 사람도 오로지 남의 심부름만 하는 셈이고, 하늘의 뜻을 아는 사람이라야만 올바른 깨달음을 얻을 수 있다.

지혜의 밝음이 하늘의 뜻을 넘어서지는 못한다. 그럼에도 불구하고 어리석은 사람들은 자기들의 의견만 내세워 다른 사람의 뜻을 거스르니 참으로 안타깝구나."

장자는 자연의 이치를 말하면서 자연으로 되돌아갔다. 그는 자연에서 와서 자연에 속하며 자연으로 돌아간 지극한 자연인이었다.

죽음을 대하는 태도도 장자답다. 그는 시체를 어떻게 처리해도 괜찮다는 의견을 가졌다. 장자의 제자들은 걱정했지만, 장자는 걱정하지 말라고 하였다.

'공수래공수거(空手來空手去)'라는 말이 있다. 빈손으로 왔다가 빈손으로 간다는 것이다. 우리 인생을 표현하는 가장 정확한 말인 것 같다.

태어나서 많은 것을 원하고 소유하게 되지만 죽고 나서는 아무것도 가져갈 수 없다. 죽음 이후의 세계는 아직 아무도 모르는 상태이다. 그런 점에서 우리는 자연의 순리에 따르기 위해 노력해야 한다.

죽음에 대한 두려움을 버리고 자연과 합일하기 위함이다. 인간은 자연 속에서 왔고 또한 돌아가야 할 곳도 자연이다. 이 사실을 안다면 죽은 후의 장례 같은 문제는 아주 사소한 것에 불과한 것이다.

60

물은 부드러우며 다투지 않는다

노담이 말했다.

"굳셈을 알면서도 연약함을 지킨다면 천하의 골짜기처럼 모든 물이 모일 것이요. 결백하면서도 굴욕을 참고 견디면 천하의 골짜기처럼 모든 사람이 모여들 것이다. 천하 사람들은 모두 앞으로 나서려 하지만 나는 뒤에 남아도 신경 쓰지 않는다."

노담은 또 말했다.

"천하의 모든 더러움을 받아들여라.

세상 사람들은 형상에 집착하나 노담만은 허허롭다. 간직할 재물이 없어 마음이 평안하고 행동은 산처럼 의연하다. 행동은 흐르는 물처럼 다

틈이 없어 몸과 마음이 고요하며 애써 구하지 않기에 약삭빠르게 행동하는 사람들이 눈에 들어오지 않는다. 또한 사람들이 복을 구할 때 그는 스스로 지킬 뿐이다."

노담의 한마디가 이어졌다.

"인위로 인한 화를 면해야 한다."

그는 근원에 깊이 뿌리를 내리고, 자연의 간결한 이치를 따르고자 했다.

노담이 덧붙였다.

"굳고 단단한 것은 깨지고 날카로우면 꺾인다."

그는 항상 관대하고 덕이 많았다. 노담이야말로 넓고 큰 덕을 갖춘 진인이 아니겠는가?

노자는 도덕경에서 최상의 선은 물과 같다고 말한 적이 있다. 장자는 노자의 생각을 더욱 발전시켰다. 물이 굳세면서도 연약하여 모든 골짜기에 물이 모여들 듯이 사람이 결백하면서도 굴욕을 참고 견디면 천하의 골짜기처럼 모든 사람들이 모여들 것이라는 것이다. 그리고 거대한 바다나 대지처럼 모든 더러움을 받아들이라고 말하고 있다.

태산은 한줌의 흙도 사양하지 않기에 태산이 되고, 바다는 한 방울의 물도 사양하지 않기에 바다가 된다는 말이 있다. 우리는 태산이나 바다와 같은 넓은 마음을 항상 동경해야 한다.

2부

장자, 비움의 통찰

61

조금 안다고 잘난 체한다면 얼마나 우스운 일인가

작은 지혜는 큰 지혜에 미치지 못하고, 짧은 동안 사는 자는 오래 사는 자에 미치지 못한다.

어떻게 그러함을 아는가? 아침 버섯은 아침과 저녁을 알지 못한다. 쓰르라미는 봄과 가을을 알지 못한다. 이것은 짧은 동안 사는 것이다.

인간도 전 우주의 나이에 비하면 하루살이보다 더 짧은 삶을 살고 있다. 당연히 사회에 대해 아는 것 역시 미비한 것에 불과하다. 그런 자신의 존재를 생각하지 않고 조금 안다고 잘난 체한다면 얼마나 우스운 일인가. 그래서 장자는 작은 지혜는 큰 지혜에 미치지 못한다고 말했다.

도서관이나 서점에는 수많은 책들이 있다. 그런 책 중에서 살아 있는 동안 읽을 수 있는 책이 몇 권이나 될까? 채 만 권도 되지 않을 것이다. 인간은 지식을 얻는데 한계가 있다. 그걸 안다면 조금은 겸손해지지 않을까.

즉, 물은 낮은 데로 고인다. 자기를 낮추는 겸손한 사람에게 사람이 모여든다. 겸손한 사람은 다른 사람을 지극하게 대하기 때문이다. 그러나 거만한 사람에게서는 사람이 떠나간다.

62

지극함은 무디다

설결이 말했다.

선생님께서는 이롭고 해로운 것을 알지 못한다고 하시는데, 그러면 지극한 사람은 본시부터 이롭고 해로운 것을 알지 못하는 것입니까?

왕예가 대답했다.

지극한 사람은 신묘한 것이다. 큰 연못을 말릴 뜨거운 불이라 하더라도 그를 뜨겁게 할 수 없고, 큰 강물을 얼어붙게 하는 추위도 그를 춥게 할 수가 없다. 굉장한 우레가 산을 무너뜨리고 바람이 바다를 뒤흔든다 하더라도 놀라는 일이 없다. 그러한 사람은 구름 기운을 타고 해와 달에 올라 앉아 이 세상 밖에 노니는 것이다. 죽

음과 삶도 자기에게 변화를 가져올 수 없거늘 하물며 이롭고 해로운 것의 평가 기준이야 어떻겠는가?

지극한 사람은 장자가 이상으로 보는 인간상이다. 이 사람은 죽음과 삶도 초월한 사람이다. 그러니 이롭고 해로운 것에 신경 쓰지 않는 것은 당연한 이치이다. 우리는 장자가 말하는 이런 인간상에 도달하기 힘들어 평생 노력해도 될까 말까이다.

많은 사람들이 1천을 구하는 나머지 하나를 경시하고 결국은 하나도 얻지 못하는 경우가 많다. 1천을 필요로 하는 당신은 하나를 소중히 하지 않으면 절대 1천을 구할 수 없다. 하나를 만들기 위해서는 꾸준히 참는 지극함이 필요하다.

63

한곳으로 치우치지 말라

착한 일을 행하여 명성을 가까이 하지 말고, 악한 것을 행하여 형벌을 가까이 하지 말아야 한다. 가운데의 올바름을 따름으로써 법도를 삼는다면 몸을 보존할 수 있게 되고 삶을 온전히 누릴 수 있을 것이다. 어버이를 부양할 수 있게 되고 자기 목숨대로 살 수가 있을 것이다.

흔히 사람들은 선을 행하여야 한다고 생각한다. 하지만 장자의 주장은 독특하다. 선을 행하지도 악을 행하지도 말고 중도를 지키라는 것이다.

왜 그랬을까? 아마도 장자는 그것이 타고난 수명을 온

전히 보존할 수 있는 길이라고 여겼기 때문이다. 선을 행하려다 일찍 목숨을 잃은 사람들을 생각해 보면 그 이유를 알 수 있을 것이다.

그리고 악해서도 안 된다. 장자는 그런 사람만이 자기 목숨대로 살 수 있다고 한 것이다.

이는 신중한 실행이나 실천을 뜻한다. 이러한 중용 사상은 중국 외에도 인도와 서양에서는 그리스의 플라톤(Platon) 또는 아리스토텔레스(Aristoteles)에 의하여 주로 전개되기도 하였다.

즉, 플라톤은 어디에서 그치는지를 알아 거기서 머무는 것을 인식하는 것이 최고의 지혜이며, 따라서 크기의 양적 측정이 아닌 모든 가치의 질적인 비교를 중용이라 하였고, 아리스토텔레스는 마땅한 정도를 초과하거나 미달하는 것은 악덕이며, 그 중간을 찾는 것을 참다운 덕으로 파악하였다.

64

나를 가꾸고, 능력 없는 것에 주목하라

안회가 공자를 찾아뵙고 여행을 떠나겠다고 하였다.

공자가 물었다.

"어디로 가는 것이냐?"

"위나라로 갈까 합니다."

공자가 말했다.

"네가 가 보았자 형벌이나 받게 될 것이다. 도란 잡되지 않아야 한다. 잡되면 일이 많아지고, 일이 많아지면 어지러워지고, 어지러우면 근심이 생기고, 근심이 생기면 구제해 줄 수도 없게 된다. 옛날의 지극한 사람은 먼저 자기 자신을 살피고 난 뒤에야 남의 일을 상관하였다. 자기

자신을 살펴본 결과가 불안정한데 난폭한 사람이 하는 짓을 상관할 겨를이 어디 있겠느냐."

공자의 제자인 안회는 위나라로 가서 자신의 뜻을 펼치려고 하고 있다. 하지만 공자는 그것을 극구 말리고 있다.

왜냐하면 지극한 사람은 자기 자신을 먼저 살펴본다는 것이다. 자기 자신이 아직 올바르게 되지 않은 안회에게 위나라에서 정치를 하는 것은 무리라는 것이다. 여기서는 공자가 제자를 걱정하고 사랑하는 마음을 알 수 있다.

당신은 어느 조직의 지도자이거나 지도자가 될지도 모른다. 그럴 때 자신의 주장만 내세우지 말고 자기 자신을 먼저 살펴보기를 바란다.

'수신제가치국평천하'라는 말이 있다. 자신을 먼저 닦고 나서 가정을 이루고 나라를 다스린다는 이야기이다. 옛 선비들은 자신을 닦는 수신을 중요하게 생각했다. 시대는 변화했지만 그 의미는 아직도 퇴색되지 않았다. 자기 자신을 먼저 닦는 게 우선이라는 것이다.

격언에 명령을 바꾸지 말 것이며 성공에 힘쓰지 말라고 한 것입니다. 도를 넘으면 지나치게 됩니다. 명령을 바꾸고 성공에 힘쓰면 일이 위태로워집니다. 원만한 성공은 시간이 오래 걸립니다. 또한 사물을 초월하여 마음을 노닐게 하고 어쩔 수 없이 되어 가는 처지에 몸을 두고 마음을 기르는 것이 최선의 길입니다.

사람들은 마음이 급하다. 빠른 시간에 무엇인가 성과를 내려고 한다. 이런 빨리빨리 정신이 나쁜 것은 아니다. 이 빨리빨리 정신으로 우리나라는 세계적인 경제 성장을 이루어냈다.

그러나 행복하지 않은 나라가 되었다. 그래서 장자는 억지로 성공에 힘쓰지 말고 사물을 있는 그대로 노닐게 하면서 성공할 때까지 기다리자는 것이다. 삶의 속도를 늦추면 시야가 넓어지고 전체를 볼 수 있는 큼직한 사고력이 생긴다. 같은 길이라도 천천히 돌아가야 주변 풍경을 볼 수 있다. 너무 빠르게 간다면 중요한 것을 놓칠 수 있다. 빠름에서 벗어나 더 좋음으로 향하는 더 느림의 길로 가야 한다고 장자는 말하고 있다.

그대는 나를 어디에 견주려는 것인가.

그대는 나를 좋은 재목에 견주려는 건가. 돌배, 귤, 유자나 과일이 열리는 나무나 풋과일 따위는 열매가 익으면 따게 되고, 딸 때에는 욕을 당하게 된다. 큰 가지는 꺾여지고, 작은 가지는 휘어진다. 이들은 자기의 능력으로 자기의 삶을 괴롭히는 것이다. 그러므로 타고난 목숨대로 끝까지 살지 못하고 일찍 죽어버리는 것이다.

장자는 능력 가진 것에 대해 부정적인 시각을 가졌다. 요즘 사회가 얼마나 능력을 요구하는가. 그리고 얼마나 연봉을 중요시 하는가.

하지만 장자는 그런 것들은 수명을 앞당기는 좋지 않은 것으로 보았다. 과로에 시달리는 현대인에게 이처럼 맞는 조언도 없다. 결국 능력이 자신의 삶을 망가트린다는 것이다. 무능력하다고 비굴할 것도 없고 능력 있다고 자랑할 것도 없는 셈이다.

남백자기가 상구에 가서 큰 나무를 보았는데 특이하였다. 말 4,000마리를 매어 놓아도 그 그늘에 완전히 가리워질 정도였다.

자기가 말했다.

"무슨 나무인지 모르겠지만 이건 반드시 특이한 재목감이 될 것이다."

머리를 들어 그 나무의 가는 가지들을 보니 모두 꾸불꾸불하여 서까래나 기둥이 될 수가 없었다. 머리를 숙여 그 나무의 큰 뿌리를 보니 속이 텅 비어 관을 만들 재목이 될 수 없었다. 그 잎새를 맛보니 입이 얼얼해지고 상처가 났다. 그 냄새를 맡아보니 사람으로 하여금 심하게 취하여 사흘이나 깨어나지 않게 하였다.

자기가 말했다.

"이것은 과연 재목이 되지 않는 나무라서 이처럼 크게 자랄 수가 있었구나. 아아, 신인들은 이래서 재능이 없다는 것이로구나."

장자는 거듭해서 능력 없음의 장점을 말하고 있다. 신인들은 능력이 없다고 하면서 사회적으로 쓰임 받는 것이 중요하지 않다는 관점이다. 능력이 없으면 사람들은 걱정하고 능력 쌓기에 앞장서지만, 오히려 능력이 없었기에 크게 자랄 수 있었다는 이야기이다. 이 얼마나 통쾌한 가르침인가.

하루 종일 회사에서 일을 하게 만드는 그런 것들이 실제로는 생명의 종료를 앞당길 수 있는 좋지 못하다는 가르침이라는 것을 장자는 그 옛날부터 알았던 것이다. 장자의 사상을 알게 된다면 조금이나마 스트레스에서 벗어나 자유로움을 느낄 수 있다.

지리소라는 사람은 턱이 배꼽아래 감추어지고, 어깨가 머리보다 높으며, 머리꼬리가 하늘로 치솟아 있고, 오장은 위쪽에 붙어 있고, 두 다리가 옆구리에 와 있었다. 그러나 바느질을 하여 입에 풀칠을 하기에 충분하였다. 키질을 하여 쌀을 불려 열 식구를 먹이기에 충분하였다.

위에서 군인들을 징집하더라도 지리는 팔을 휘저으며 그곳을 노닐었다. 큰 역사가 있다 하더라도 지리는 언제나 병을 지니고 있기 때문에 일

에 끌려가지 않았다. 위에서 불구자들에게 곡식을 나누어줄 적에는 삼종의 곡식과 열 다발의 땔나무를 받았다.

그의 형체가 불완전한 사람은 그래도 그 자신을 충분히 보양할 수 있고, 그가 타고난 목숨대로 다 살 수 있는 것이다. 그러니 하물며 그의 덕이 불완전한 사람이야 어떠하겠는가?

장자는 장애인일지라도 하늘이 그 주신 몸에 순응하며 살아가면 걱정할 것이 없다고 말하고 있다. 오히려 장애를 가졌기에 세상사에 괴롭힘 당함이 없이 자신의 수명을 온전히 다 할 수 있다는 것이다.

공자의 가르침으로는 해결이 안 되었던 장애인 문제를 장자는 그 해결책을 내놓고 있는 셈이다. 그래서 장자의 가르침은 더 넓고 사상이 큰 가르침이었다. 공자가 보기에는 쓸데없는 사람들이 장자의 입장에서 보면 유용한 인물이 될 수도 있었다.

공자의 입장에서는 장애인은 도와 줘야 하는 인물이

지만, 장자의 입장에서 본다면 진정 자유로움을 누릴 수 있는 존재이다. 이처럼 사람은 보는 관점에 따라서 완전히 달라질 수 있다.

정상적인 교육을 받고 사회 속에서 경쟁하여 회사에 들어간 사람은 일에만 몰두해서 평생 일해야 하지만, 베스트셀러 작가이자, 전 세계를 돌며 강연하는 닉 부이치치같은 장애인을 보자. 장애인임에도 불구하고 여러 가지 활동을 활발하게 하면서 행복하게 살고 있다. 장자의 가르침은 이미 수천 년 전부터 이런 상황을 예견했던 것이다.

인생사 생각하기 나름이다.

산의 나무는 스스로 자라 베어지게 되고, 기름불은 스스로 타버린다.

육계는 먹을 수 있기 때문에 사람들에게 잘리고, 옻나무는 옻을 쓸 수 있는 것이어서 껍질이 벗겨진다.

사람들은 모두 쓸데 있는 것의 쓰임을 알지만 쓸데없는 것의 쓰임은 아무도 알지 못하는 도다.

장자는 거듭해서 쓸데없는 것의 쓰임에 대해 말하고 있다. 얼마나 희망을 주는 말인가. 공자의 군자라는 것은 극소수의 사람만이 도달할 수 있는 힘든 길이라면 장자의 가르침은 대다수의 능력이 부족한 사람들에게 희망과 자극을 줄 수 있는 가르침이다.

이 얼마나 큰 가르침인가. 이는 예수의 가르침에 비견할만한 장자의 사랑이 담겨 있는 말이다.

모든 존재는 쓰임이 있다는 가르침은 여러 동화에서도 나오는 내용이다. 〈강아지똥〉이라는 동화를 알고 있는가. 아무짝에도 쓸모없어 보였던 강아지 똥이 민들레꽃을 피우는 데 도움을 주어 가치 있게 쓰였듯이 사회적으로 아무 쓸모없다고 생각되는 존재들도 버림받지 않고 쓰일 수 있다는 것을 알 수 있다.

65

덕의 관점에서 장애는 문제가 아니다

노나라에 형벌로 발이 잘린 왕태라는 사람이 있었다. 그를 따라 공부하는 사람들의 수가 공자를 따르는 사람과 비슷했다.

상계가 말했다.

"그는 절름발이인데도 선생님보다 앞서고 있습니다. 보통 사람보다도 훨씬 뛰어난 것입니다."

장자는 장애인에 대해서도 관심을 가졌다. 장애를 가졌더라도 마음 닦기에 힘쓰면 공자라는 성인보다도 훌륭해질 수 있다고 보았던 것이다. 오늘날에도 장애인에 대한 편견이 많은데, 과거에는 얼마나 많은 핍박과 괴롭힘이 있었겠는가. 하지만 장자는 마음만 잘 닦을 수 있다면 남의 스승이 될 정도로 그것을 극복할 수 있다고 보았던 것이다.

제자들이여 힘써야 한다. 무지로 말하면 절름발이인데도 배움에 힘씀으로써 전날 잘못한 행동을 보충하려 하는데 하물며 온전한 몸을 가진 사람은 아니겠는가.

장자는 불구의 사람을 예로 들며 장애를 가졌더라도 힘쓰면 훌륭한 사람이 될 수 있다고 말하고 있다. 덕의 관점에서 보자면 육체의 불구는 문제가 되지 않는다는 것이다.

즉, 장자는 인간의 잠재력은 무한하기 때문에 노력만 하면 한계를 극복할 수 있게 해 주고 진정한 사람의 가치를 발휘할 분야를 찾을 수 있게 된다는 것이다. 이에 공자조차도 그 배움을 본받아야 한다고 말하고 있다.

66

위대한 참스승

만물에 통달함을 즐기는 것은 성인이 아니다. 따로 친근한 사람이 있는 것은 어짊이 아니다. 때에 앞서는 것은 현명한 것이 아니다. 이로움과 해로움이 같이 통하지 않는 것은 군자가 아니다. 명성을 좇아서 자기를 잃는 것은 선비가 아니다.

공자는 군자라면 자연히 명성을 얻어야 한다고 주장했다. 하지만 장자는 다르다. 명성을 좇는 사람은 선비가 아니라고 말했다. 세속에서 명성을 얻는 것도 중요하지만 그것보다 중요한 것은 내면의 마음을 닦는 것이라고 생각한 것이다.

우리도 보이는 인기에만 집착하지 말고, 자신의 마음

을 갈고 닦는 훈련에 힘써보자. 그러면 우리는 눈에 보이는 것으로 인기를 얻는 것이 아니라 진정한 성품으로 다른 사람들의 마음을 얻어 인정받는 날이 올 것이다.

인기가 많게 되면 호의를 많이 받을 수 있을 것이다. 하지만 그만큼 사람들의 기대도 많이 사게 되고, 말도 많이 돌게 된다. 차라리 마음을 다스리는 편이 나을 수도 있다. 법정, 성철 스님과 같이 마음을 잘 다스리는 사람은 대중의 스승이 될 수도 있으니까 말이다.

당신은 스타와 성인 중에서 어떤 길을 걸어가고 싶은가? 둘 다 되기 힘든 것이지만 성인의 길을 걸어가는 게 행복하지 않을까 생각한다.

옛날의 참된 사람은 그의 키가 크다 하더라도 무너진 모습을 하지 않으며 무엇이 부족한 듯하지만 남에게 받는 것이 없다. 평안히 행동하는 것이 모가 난 듯도 하지만 고집하는 일은 없다. 널따랗게 텅 비어 있지만 화려하지는 않다. 화락

하여 언제나 기쁜 듯하다. 몰려 그렇게 하지 않을 수 없는 듯이 행동한다. 그의 얼굴빛은 윤기가 더해 가고 그의 덕은 점잖게 지극한 선에 머물러 있다. 널따랗게 큰 듯하고 높아서 제어할 수 없는 듯하다. 느릿느릿하여 한가함을 좋아하는 듯하고 멍하니 그의 말을 잊고 있는 듯하다.

참된 사람은 평안히 행동하고 고집하는 일이 없다는 것이다. 공자 역시 고집하는 일이 없었다. 모처럼 공자와 장자가 한 목소리로 통했다. 이처럼 옛사람이 갖추어야 할 도는 여러 성인들이 공통으로 말하듯이 자연스러운 것이다.

억지로 일을 행하려면 무리수가 따르고 잘되지 않는다. 만약 상사가 억지로 일을 시킨다면 일이 잘되지 않을 것이다. 일도 스스로 하고자 하는 마음이 있을 때 잘되기 마련이다. 이처럼 일이나 참된 사람이 되는 것이나 마찬가지다.

67

인위적으로 무엇을 채우려고 해서는 안 된다

밝은 임금의 다스림은 공로가 천하를 뒤덮을 만 하여도 자기 힘으로 한 것 같이 보이지 않으며, 교화가 만물에 베풀어져도 백성들은 그것을 의식도 못한다. 훌륭한 공로가 있어도 명성이 드러나지 않으며 만물로 하여금 스스로 기뻐하게 만든다. 헤아릴 수 없는 경지에 서서 아무것도 없는 세계에 노니는 것이다.

장자는 지도자가 억지로 일을 수행해서 백성들이 기쁨을 얻는 것을 바라지 않았다. 지도자란 없는 듯이 행동해야 한다는 것이다. 이것은 대체 무슨 경지일까? 일반인이라면 흉내도 내지 못할 그런 일이다.

하지만 도를 닦아서 근본이 바로 서면 이 같은 일이 가능할 것이라고 장자는 보았다. 앞으로 지도자 중에 이런 사람이 나올까? 장자의 꿈이 이루어진다면 이런 정치도 가능할지도 모른다.

명성을 추구하는 자가 되지 말라. 모의를 일삼는 자가 되지 말라. 일의 책임자가 되지 말라. 지혜의 소유주가 되지 말라. 무궁한 도를 철저히 터득하여 아무 조짐도 없는 경지에 노닐라. 하늘로부터 받은 본성을 다하여 이득을 추구하지 말라. 언제나 마음을 텅 비울 따름이다.

사실 장자의 도는 이해하기 힘들었다. 장자를 읽으면서도 의문은 더해졌다. 도대체 도가 무엇인지 이 책을 읽는 당신도 잘 모를 것이다. 그것은 글자로도 알 수 없는 것이라는데 책을 읽는다고 알 수 없을 것이다.

여기에 나와 있는 글은 달을 가리키는 손가락이고, 달 자체가 도인데 말이다. 하지만 그래도 대충 짐작은 하겠다. 그것은 불교에서 말하는 공의 사상과 비슷하다는 것이다. 공이라니 더 어려워진다. 그것은 만물이 텅 비어 있다는 것이다. 언제나 마음은 텅 비어 있다. 인위적으로 무엇을 채우려고 해서는 안 된다는 것이다.

이를 현대적으로 해석하면 논어 '선진편'에 나오는 말로 지나친 것은 미치지 못한 것과 같다는 뜻.

過: 지나칠 과

猶: 오히려 유

不: 아닐 불

及: 미칠 급

과유불급의 의미인 것이다.

68

소박함은 행복으로 가는 길

지극한 덕으로 다스려지는 세상에서는 함께 새나 짐승과 어울려 살고, 만물과 무리지어 다 같이 산다. 그러니 어찌 군자와 소인이 있음을 알겠는가? 다 같이 무지하여 그의 타고난 성질을 떠나지 않는다.

다 같이 욕망이 없으며, 이것을 소박함이라 말한다. 소박함으로써 백성들의 본성이 보전되는 것이다.

현대는 욕망의 시대이다. 광고는 소비자의 욕망을 자극한다. 자기계발 강사들은 욕망을 자극하며 자신의 꿈을 이루라고 말한다.

하지만 욕망이 없다면 소박할 수 있고, 원래의 자기 모습대로 살 수가 있어서 행복해질 수 있다고 말한 사람이 장자이다. 타고난 성질을 벗어나지 않는다는 것이 중요하다.

거북이가 느리지만 달리지 않듯이 토끼는 빠르지만 날지 않듯이 자신의 성질을 유지할 때 지극한 선에 의한 삶이 가능해진다는 것이다.

우리 사회가 어지러워지는 것은 탐욕적인 사람이 사회를 해치기 때문이 아닐까. 모두가 소박하게 살아간다면 그 사회는 어지럽지 않고 흉악하지도 않고 바르고 건강하고 따뜻한 사회가 될 수 있을 것이다.

그러기 위해서는 우리 스스로부터가 먼저 마음을 잘 다스려야 한다. 소박한 삶이 진정 행복으로 간다는 사실을 알고 욕심내지 않을 때 우리나라도 행복한 국가로 거듭날 수 있을 것이다.

69

지혜와 도를 알지 못하면 혼란에 빠진다

임금이 정말로 지혜만 좋아하고 도를 알지 못하면 천하는 크게 혼란에 빠진다.

세상은 언제나 크게 어지러운데 그 죄는 지혜를 좋아하는 점에 있는 것이다.

성인이나 지혜는 세상을 어지럽히는 장본인이라는 것이다. 태곳적 백성들이 순수했을 때야 말로 인류가 행복했을 때이다. 이는 꼭 에덴동산의 아담과 이브와 같은 모습이다.

하지만 그들이 지혜를 알게 되었을 때, 뱀의 유혹에 넘어가 사과를 따먹었을 때 그들은 혼란에 빠지게 되었다. 아담과 이브로 보면 에덴동산에서 쫓겨나게 된 것이다.

이를 보면 성인의 지혜라는 게 꼭 좋은 것이 아니라는 점을 장자는 말하고 있다.

70

잠긴 상자를 훔치는 법

상자를 열고 주머니를 뒤지며 궤짝을 여는 도적에 대비하기 위해서는 반드시 끈으로 꼭 묶고 고리에 자물쇠를 단단히 채워야 한다. 이것이 이른바 일반 세상의 지혜인 것이다. 그러나 큰 도적이 오면 곧 궤짝을 짊어지고 상자를 둘러메고 주머니째 들고 달아난다. 그러니 세상에서 말하는 지혜로운 사람이란 바로 큰 도적을 위하여 재물을 쌓아놓는 꼴이 되지 않겠는가?

우리가 지혜롭다고 생각하는 것은 사실 어리석을 수 있다. 아무리 자물쇠를 채워놓았더라도 통째로 들고 달아나는 도적을 상대할 수 없듯이 우리가 생각하는 많은 것들이 실제로 지혜롭지 못하다는 것이다.

예를 들어, 물건을 훔치면 감옥에 가게 되지만 나라를 훔치면 왕이 된다는 말이 있다. 우리는 우리의 지혜만을 믿을 것이 아니라 자기가 생각하는 것보다 더 큰 지혜가 있을 수 있다는 것을 깨달아야 한다. 그래야 세상의 큰 위험으로부터 우리를 보호할 수 있는 것이다.

어느 분야든, 즉 "뛰는 놈 위에 나는 놈"이 있게 마련이다. 이는 잘난 사람이 있으면 그보다 더 잘난 사람도 반드시 있으니 항상 겸손할 줄 알아야 한다는 뜻이다.

71

있는 그대로 내버려둠

듣건대 천하는 있는 그대로 내버려 두어야지 다스려서는 안 된다고 한다. 천하를 있는 그대로 두는 것은 천하 사람들이 그들의 본성을 잃게 될까 두렵기 때문이다. 천하를 내버려 두는 것은 천하 사람들이 그들의 타고난 덕이 바뀔까 두렵기 때문이다. 천하 사람들이 그들의 본성을 잃지 않고 타고난 덕이 바뀌지 않는데도 천하를 다스리려고 하는 사람이 있겠는가?

장자 철학의 핵심은 있는 것을 그대로 두는 것이다. 장자는 자연과의 합일을 추구했는데 그것은 자연 속으로 들어가는 것이지 자연을 사람의 뜻대로 변형하는 것이 아니다. 그런 면에서 장자는 서양의 이성적인 사고와는 정반대의 방향을 가리키고 있다.

이성의 서양철학은 장자 철학보다 앞서는 것처럼 보이나 환경 문제로 인류의 생존이 위협되고 있는 현재에 장자의 철학이 대안점으로 떠오르고 있다는 점에서 장자 철학은 그 옛날에도 불구하고 큰 지혜를 가지고 있다고 볼 수 있다.

우리는 이런 장자 철학에서 인간과 자연의 조화로운 삶을 추구할 기회를 가지게 되는 것이다.

72

자연의 무위에 맡겨두라

태곳적 임금은 천하를 다스림에는 무위로써 하였고 하늘의 덕을 따랐을 뿐이다 라고 하는 것이다.

옛날의 임금은 자연에 맡기고 내버려 두는 게 통치가 잘된다는 것이다. 물고기를 어항에서 기르기도 하지만 자연적인 바다나 강에서 사는 물고기도 있다. 물고기를 억지로 어항에 키우는 것보다 오히려 자연에서 기르는 것이 훨씬 잘 자랄 수도 있다. 그러니까 옛사람인 장자는 물고기를 바다에서 키우는 것과도 같이 자연의 무위에 맡겨 두라고 한 것이다.

73

세상의 이치를 알다

백조는 매일 목욕을 하지 않아도 희고, 까마귀는 매일 검은 물을 들이지 않아도 검습니다. 검고 흰 소박한 바탕은 좋고 나쁨을 따질 것이 못됩니다. 명예라는 겉보기 모양은 널리 뽐낼 것이 못됩니다. 샘물이 마르면 그곳 물고기들은 땅 위에 함께 모여 서로 물을 뿜어 주고 서로 침으로 적셔 줍니다. 그러나 그것은 강물과 호수 속에서 서로를 잊고 지내는 것만 못한 것입니다.

장자는 백조와 까마귀의 예를 통해 검고 희다는 본바탕은 좋고 나쁨을 따질 것이 못된다고 말한다. 그리고 명예 역시 자랑할 것이 아니라고 말한다.

그렇다면 장자가 말하는 것은 무엇일까?

그것은 본래 있는 그대로의 본바탕의 소박함이 중요하다는 것이다. 물고기가 물이 마르면 서로를 위해 힘쓰지만 그것보다는 물속에서 자유롭게 노니는 것이 중요하듯이, 인위적인 것이 아닌 자연에 맡긴 자연스러움이 세상을 더 행복하게 만든다는 장자의 가르침이다.

74

뜻을 굳게 지님

풀과 나무가 우거진 택지로 나아가 널따란 곳에 살면서 고기를 낚으며 한가로이 지내는 것은 아무런 일도 하지 않고 무위로 지내려는 것일 따름이다. 이것은 강이나 바다에 노니는 선비와 세상을 피하려는 사람과 한가로이 살려는 사람들이 좋아하는 것이다.

장자는 꼭 나라에 높은 지위를 가지고 쓰임 받는 것을 원하지 않았다. 아마 그것이 공자와의 가장 큰 차이였던 것 같다. 공자는 쓰임 받기 위해 중국 대륙을 떠돌아다녔던 데 비해 장자는 산 속으로 들어가 평안하고 유유자적한 삶을 살았다.

세상에서 쓰임 받고자 한다면 장자 철학에 의문점을 제기할 것이고, 유유자적하고자 하는 사람은 오히려 공자에 의문점을 제기할 것이다. 어느 것이 옳은 것인지 판단할 수 있는 것은 아니다. 다만 자신에게 맞는 길을 찾아서 그 길을 걸어갈 각오를 하는 것이 현명한 판단일 것이다.

75

지혜는 고요함이다

옛날에 도를 다스리던 사람들은 고요함으로 지혜를 길렀다.

많이 알고 떠든다고 지혜가 있는 것은 아니다. 그들은 지식과 경험은 있을지 모르지만 진정한 지혜는 갖고 있지 못할지도 모른다.

빈 수레가 요란하다는 말이 있듯이 진정 지혜로운 자는 말을 아끼고 고요함을 유지하는 법이다. 나무와 풀이 말을 하지 않지만 자신의 생명을 꽃피우듯이 우리도 진정 말을 아끼고 고요하다면 자신의 생명을 온전히 꽃피우고 세상 속에서 잘 살아갈 수 있을 것이다.

76

세상 속을 살면서 겸손함을 알아야 한다

중국이 우주에서 차지하는 크기를 헤아려 보면 큰 창고 속에 있는 곡식알 하나와 비슷하지 않은가?

중국은 큰 대륙이었다. 중국사람들은 중국이 하나의 세계라고 생각했다. 나머지 국가들은 모두 오랑캐라고 여길 정도로 말이다.

하지만 크나큰 우주에 비하면 중국은 하나의 곡식알 하나와 비슷할지도 모른다. 옛날 사람은 우주의 크기를 정확히 몰랐으니 말이다.

다시 말하면 먼지 한줌보다 더 작은 것이 바로 중국

땅이다. 그렇기 때문에 우리 인간은 세상 속에서 살면서 겸손함을 알아야 하고, 큰 우주에 비하면 우리가 생각하는 것들의 하찮음을 깨달아야 한다는 것이다.

77

지극한 즐거움

부자라는 사람들은 자신을 괴롭히면서 애써 일하여 많은 재물을 쌓아 놓고도 다 쓰지 못한다.

현대에도 사람들은 돈을 모으기 위해 야근이다, 특별근무다 하여 자신을 괴롭히면서 돈을 벌지만 예전에 부자들도 그랬던 것 같다. 그런 점에서 장자의 시대나 지금 시대나 돈을 벌기 위해 애를 쓴다는 것은 변함이 없다.

그런데 돈을 벌어 놓고도 그것을 다 쓰지도 못하고 죽는다. 일부 부자들을 살펴보자. 그들은 엄청난 돈을 모아 놓고도 그것을 다 쓰지 못하고 계속 일만 하면서 죽어가는 사람들도 많다. 장자는 이를 보고 어리석다고 말한 것이다.

78

삶의 진실에 통달함

세상일을 버리면 아무런 거리낌도 없게 되는 것이다. 아무 거리낌도 없으면 마음이 바르고 평안해진다.

장자의 시대에도 사람들은 관리가 되기를 바랐을 것이다. 오늘날에 비하자면 공무원이 되기를 원했던 것이다. 지금도 많은 사람들이 공무원이 되기를 원해 시험공부를 한다. 그럼에도 불구하고 장자는 공무원이 되어 일하기보다는 시험을 포기하라고 한 것이다.

세상일에 대한 욕심을 버렸을 때 거리낌이 없어지고 마음도 평안하고 바르게 된다는 것이다. 장자는 억지로 일을 하는 것에 대해 부정적인 입장을 취했다. 그래서 관리로 일하는 세상일에도 관심을 두지 말라고 주장한 것이다.

이를 현대적으로 해석하면 내가 좋아하는 것을 부정하고 앞만 보고 달리는 것은 내가 올라가야 할 산을 두고 옆 산을 오르는 것과 같다는 의미일 것이다.

79

부러움의 대상을 바꿔라

그분의 사람됨은 참되어 사람의 모습을 하고 있지만 하늘처럼 텅 비어 있으며 자연을 따름으로써 참됨을 기르고 맑은 마음으로 만물을 포용합니다. 남이 무도한 짓을 하더라도 자기 모습을 올바로 지님으로써 그로 하여금 깨닫게 하며 상대방의 뜻은 자연히 사라지게 만듭니다. 제가 어떻게 그분의 훌륭함을 형용할 수 있겠습니까?

현대시대에는 많은 사람들이 부자를 부러워한다. 아니면 인기 많은 스포츠 스타나 연예인을 부러워하기도 한다.

하지만 장자 시대는 달랐다. 장자 시대의 부러움의 대상은 인격과 정신을 갖춘 도인과 같은 사람이 역할 모델이었다.

우리 시대에도 옛날의 뜻을 살려 세속을 초월한 장자 같은 사람을 역할 모델로 삼으면 어떨까.

'공수래공수거(空手來空手去)'라는 말이 있다. 심지어 나의 몸조차도 이 세상에 사는 동안 잠시 빌리는 것이라고 생각하자. 처음부터 가진 것이 없다고 생각한다면 집착하지 않고 자유로우며 건강한 삶을 누릴 수 있다.

80

도는 세상일에 초연해지는 것이다

황제가 말하였다.

"생각도 없고 걱정도 없어야만 비로소 도를 알게 된다. 처신하는 곳도 없고 행하는 것도 없어야만 비로소 도에 편안히 지내게 된다. 따르는 것도 없고 가는 길도 없어야만 비로소 도를 얻게 된다."

도를 얻는 길에 대해서 사실 저자는 아무것도 알지 못했다. 하지만 장자를 읽다 보니 도에 이르는 길을 조금은 알 것 같다.

이 황제의 말에서도 도에 이르는 길의 힌트를 찾을 수 있다. 그것은 세상일에서 벗어나라는 것이다. 또한 자신의 집조차 없어야 도에 합일되어 지낼 수 있다고 말하고 있다. 또한 어떤 길을 가겠다는 의지 또한 없어야 도에 가깝다고 볼 수 있다.

도에 이른다는 것은 세상일에 초연하여 어떤 것에 고집과 의지 없이 편안히 지낸다는 것을 의미한다.

이는 법정 스님의 '무소유(無所有)'의 개념으로 인간은 아무것도 가지지 않고 살아갈 수는 없다. 하지만 이 세상에서 아무것도 내 것이 아니라는 생각을 가지면 물질에 대한 욕심을 줄일 수 있다는 것이다. 적게 소유하고 그것들에게 마음조차 두지 않는다면 걱정과 불안은 생기지 않다는 의미일 것이다.

81

세상으로부터
숨어사는 서무귀

천하를 다스리는 사람도 이런 대로 지내기만 하면 될 겁니다. 무슨 일을 하려고 애씁니까? 저는 어려서부터 스스로 천지 사방 안에서 노닐었습니다만 마침 눈이 어두워지는 병에 걸렸습니다. 어떤 어른이 제게 가르쳐 주시기를 너는 해를 수레삼아 타고서 양성의 들판에 노닐라고 하셨습니다. 지금의 제 병이 약간 나은 듯하니, 저는 다시 천지 사방의 밖을 노닐어 볼까 합니다. 천하를 다스리는 사람도 역시 이렇게 하시기만 하면 될 것입니다. 제가 무슨 하는 일이 따로 있겠습니까?

장자의 정치철학은 무위에 의한 것이다. 인위적인 것

을 배제한다는 것이다. 사람이나 사물의 본성을 있는 그대로 둔다면 하늘이 운행하는 것처럼 자연스럽게 평화가 온다는 것이다. 그래서 장자는 인과 예를 강조한 공자를 비판했던 것이다.

여기에서도 어린아이는 아무것도 모르나 단지 세상은 무위로 다스려야 한다는 사실을 알고 있다. 그런 점에서 황제는 어린아이에게 조언을 구한 것이다.

82

전쟁은 시시한 다툼에 지나지 않는다

달팽이의 왼쪽 뿔에 한 나라가 있었는데 촉씨라 불렀습니다. 달팽이의 오른쪽 뿔에도 한 나라가 있었는데 만씨라 불렀습니다. 그런데 마침 이 두 나라가 땅을 서로 빼앗으려고 전쟁을 벌였습니다. 죽어 넘어진 시체가 수만이나 되었고 패배하여 도망치는 자들을 추격하여 십오 일만에야 되돌아 왔습니다.

장자는 나라 간의 전투를 달팽이의 왼쪽 뿔과 오른쪽 뿔에 있는 나라가 싸우는 것에 비교했다. 우주에 비하면 한 나라라는 것은 얼마나 작은가. 하지만 조금이라도 더 욕심을 내어 얻기를 바라고 전쟁을 벌이니 이는 우주에서 보았을 때 시시한 다툼에 지나지 않는다.

우리도 좀 더 고차원적인 시선에서 인간과 그 욕망에 대해 생각해 쓸데없는 다툼을 벌이지 말고 한걸음 물러나 장자가 말한 무위자연에 빠져 보는 것도 좋을 것이다.

83

오롯이 자신의 판단에 달렸다

임금들이란 모두가 그의 신하들이 충성스럽기를 바라지만 충신이라고 반드시 신임 받는 것은 아니다.

충신들은 감옥에 가거나 귀향에 가거나 심지어 처형당하기도 한다. 그렇다면 그런 악인이 왕을 하고 있는 시절에는 어떻게 행동해야 할까? 용기를 내어 충언을 해야 할까, 아니면 그냥 모른 채 지내야 할까.

당신이라면 어떻게 판단할 것인가? 대다수의 사람들도 그냥 가만히 지내는 것을 택할 것이다. 인간 세상에서 진리는 없는 것 같다.

자신의 신념이 확고하다면 자신의 신념을 따르고 그

렇지 않다면 세상의 순리를 따라야 할 것이다. 당신의 선택에 따라 세상은 달라질 것이다. 자신의 의견을 갖기를 바란다.

주관식 문제에는 하나의 정답이 아니라 저마다의 다른 견해와 가치판단이 반영된 여러 가지 현답이 존재한다. 이와 마찬가지로 인생에 있어 각자의 신념은 주어진 문제에 대한 하나의 정답만을 찾는 것이 아니다.

84

다른 일에 빗대어 한 말

장자가 혜자에게 말했다.

"공자는 나이 예순 살에 이르기까지 예순 번이나 사고방식이 변화하였다네. 처음에 옳다고 하던 것을 끝에 가서는 부정한 것일세. 오늘 옳다고 말하고 있는 것이 지난 오십구 년 동안 부정하던 일이 아닌 것이 거의 없네."

인류의 성인으로 손꼽히는 공자조차도 자신의 사고방식을 예순 번이나 바꾸었다는 뜻이다. 한마디로 융통성이 있었다는 이야기이다.

자신의 생각일지라도 잘못되었다는 판단이 든다면 과감하게 그 생각을 고쳤다는 이야기이다. 젊었을 때의 생각은 틀린 게 많을 수 있다. 우리도 자신의 생각을 고치는 데 주저하지 말고 남의 이야기를 들어보아 타당하다면 자신의 사고방식을 바꾸는 유연성을 갖도록 하자.

사고방식을 바꾸라는 말은 항상 180도의 전환이 필요하다는 뜻이 아니다. 오히려 1도의 관점 전환과 1퍼센트의 변화만으로도 충분한 경우가 더 많다.

85

임금 자리를 박차다

요임금이 천하를 자주지보에게 물려주려 하자 자주지보가 말했다.

나를 천자로 삼아주는 것도 괜찮기는 하겠습니다. 그러나 나는 마침 우울증을 앓고 있어서 그것을 치료 중이니 천하를 다스릴 겨를이 없겠습니다.

요즘 취업이 안 되다 보니 일자리만 준다면 일하겠다는 사람도 있을 것이다. 하지만 그 자리가 나에게 맞다고 생각되지 않는다면 과감히 포기할 줄 알아야 한다. 그래서 자주지보는 한나라의 왕의 자리를 준다고 해도 자신의 사정을 들어 그것을 거부했던 것이다.

처음에는 그 자리가 좋을지 모르나 시간이 지나면 자신과 남을 해친다는 것을 알게 될 것이다. 그러기 위해서는 우리의 적성과 역량을 잘 파악하고 있어야 한다.

자신의 능력에 맞지 않는 일을 해내려고 하기보다는 내가 좋아하는 일, 적성에 맞는 일을 먼저 찾는 것이 중요하다. 이 일을 시작해서 꾸준히 하다 보면 재능도 발견하고 없던 능력도 생길 수 있는 것이다.

86

강도의 괴수 도척

세상의 이른바 충신 중에는 왕자 비간이나 오자서보다 더한 사람이 없다. 그러나 오자서는 처형을 당하고 시체는 강물에 던져졌으며, 비간은 가슴이 째어졌다. 이 두 사람은 세상에서 말하는 충신들이다. 그러나 마침내는 천하의 비웃음거리가 되었던 것이다.

위 사실로 본다면 오자서나 비간 같은 사람들까지도 모두 귀하다 할 만한 것이 못되는 것이다.

여기에서는 도척이 나오는데 그는 도적이다. 도척은 공자와 만나는데 공자가 도척을 설복시키려 한다. 그러나 도척은 오히려 공자의 사상이 더 나쁨을 말하면서 그에 대한 반박을 하고 있다.

유가에서 숭상하는 인물은 모두 그의 본성을 위반하는 짓을 하였고 자연의 수명을 누리지 못하고 일찍 죽음을 당하고 만다. 도척은 이들을 자연의 수명을 보양하지 못하는 어리석은 자로 보고 그에 대한 비판을 하고 있다.

앞의 예문 속 오자서는 중국 춘추시대의 정치가로 초나라 사람이었으나 아버지와 형이 살해당한 뒤 오나라를 섬겨 복수하였다. 오나라 왕 합려를 보좌하여 강대국으로 키웠으나, 합려의 아들 부차에게 중용되지 못하고 결국 모함을 받아 자결하였다.

한마디로 인생사 덧 없음을 이야기하는 것이다.

87

칼싸움을 하지 말라

장자가 말하였다.
"임금님께서는 편안히 앉아 기분을 안정시키십시오. 칼에 관한 일은 이미 다 아뢰었습니다."

장자가 천자에게 칼싸움을 하지 말 것을 설복하고 있다. 장자라고 하면 자연 속에서만 지내는 도인 같은 인물이라고 생각하기 쉽겠지만 현실 정치에도 참여하여 사람들을 설득할 수 있었던 능력을 지녔던 인물이다.

그래서 장자는 말도 잘하고 정치도 잘할 수 있었지만 그보다는 자연에 머무는 게 유익하다고 생각해 자연에 머무른 것이지 패배해 자연으로 도망친 사람은 아니다. 여기서는 천자를 설득하는 장자의 능력을 볼 수 있다.

88

고기잡이의 교훈

"그는 영토를 갖고 있는 임금인가요?"

자공이 말했다.

"아닙니다."

"제후와 임금의 신하인가요?"

"아닙니다."

그러자 고기잡이는 웃으며 돌아서 가면서 중얼거렸다.

"어질기는 하겠지만 아마도 그의 몸은 화를 면치 못할 것이다. 마음을 괴롭히고 육체를 수고롭혀 그의 진실함을 위태롭게 하고 있다. 아아, 그는 도로부터 멀리도 떨어져 있구나!"

여기서는 고기잡이와 자공과의 대화가 나온다. 공자는 전형적인 유가를 대표하는 사상가이고, 고기잡이는 도를 터득한 즉 장자가 추구하는 사람이다.

고기잡이는 공자가 자기 분수에 맞지 않은 쓸데없는 일을 많이 하고 있음을 지적하고 그것이 그의 몸과 마음을 괴롭히고 있다는 것을 말한다. 그리고 그것은 도에서 멀리 떨어져 있는 것이라고 한다. 이는 유가 사상을 반박하기 위한 장자의 말이고, 그가 추구하는 도의 세계가 유가의 가르침보다 도에 가까운 것이라는 주장이다.

즉, 진정 도를 깨닫는 사람은 삶을 기뻐하거나 죽음을 싫어하지 않으며, 작은 것을 탓하거나 성공을 과시하지도 않고, 억지로 일을 꾸미지도 않는다. 물고기가 물속에 있을 때 아무런 저항 없이 편안하게 살아가듯이, 사람 역시 도 가운데 행할 때 아무런 문제없이 스스로 유유자적하며 살아갈 수 있다는 것이다.

89

지혜가 없는 자는 행복하다

기교가 많은 자는 수고롭고, 지혜가 많은 자는 근심하게 되는 법이다. 능력이 없는 사람은 추구하는 것도 없을 것이니, 배불리 먹고 유유히 노닐며 두둥실 매이지 않는 배처럼 떠다니고 마음을 텅 비우고 유유히 노닐게 될 것이다.

백혼 무인은 능력과 지혜를 갖는 것조차 그 사람에게 해가 된다고 주장하고 있다. 오히려 능력이 없고 지혜가 없는 자야말로 진정한 인생의 행복을 느끼고 유유자적하며 살아갈 수 있다고 주장한 것이다.

장자에 의하면, 모든 차별이나 변화는 결국 인간의 유한한 지식으로부터 유래한다고 한다. 그러므로 우리는 스스로 지식의 한계를 깨닫고 쓸데없는 시비(是非)를 버려야 한다는 것이다.

과연 인간세계의 흥망성쇠(興亡盛衰) 무슨 의미가 있을까? 세속을 초탈해버린 최고조의 경지에서 봤을 때 잠시 잠깐 출세를 하면 무엇하며, 돈을 번들 무슨 소용이 있을까? 장자는 오늘을 사는 우리들에게 화두를 던진다.

90

천하의 사상가들

옛날에 도를 닦은 사람은 옳은 것도 없고 그른 것도 없는 경지에 도달했을 따름이었다. 그 학설은 종잡을 수 없는 것이었으니 어찌 말로써 표현할 수 있겠는가?

세상이 돌아가는 원리가 있다. 이것에 따라 행하는 것이 바로 도다. 세상이 돌아가는 원리는 정해져 있다. 그 원리가 변한다면 세상이 돌아가지 않을 것이다. 그리고 그 원리에 따라 살아야 하는 것이 인간이며, 그렇지 않으면 탈이 나는 것도 인간이다. 결론은 도를 지켜야 한다는 것이다.

도를 알기 위해서는 실제의 삶을 살아야 한다고 생각

한다. 실제 정치에도 참여하고, 실제 사회와 부딪혀 여러 사람을 만나는 도중에 알아낼 수 있는 것이라고 생각한다.

당신은 살면서 많은 사람들을 만나게 될 것이다. 그런 때가 왔을 때 이 책에서 배웠던 장자의 도에 대해 다시 한번 생각해 보기 바란다. 그때서야 도가 무엇인지 이해가 될 것이고 당신의 삶에도 많은 영향이 있을 것이다.

3부

장자, 비움의 창작

장자는 우리에게 이 세상에서 쓸모 없는 것, 쓰임이 없는 것은 없다고 하였다. 또한 인간의 흥망성쇠는 아주 자그마한 차이이기에 고정관념에 집착하지 않아야 한다고 하였다. 무엇보다 덜어냄으로써 비워내는 것을 강조하였다.
이러한 장자의 교훈이 2000년을 넘어서도 생명력을 가지고 있다면 믿겠는가?
다음의 이야기들은 장자의 가르침을 현대의 창작으로 재해석한 사례들이다. 우리는 이를 통해 장자가 현대를 사는 우리들에게 많은 가르침과 통찰을 준다는 것을 알 수 있다.

91

예술품 _고철에서 작품으로

현대의 장자는 사물의 진정한 가치를 알아볼 수 있는 인물이다. 고철을 모아서 예술 작품으로 만든 K씨. 그는 고물상에서 고철을 사다가 예술 작품으로 만들었다. 그의 고철 예술품은 이제 하나에 수억 원을 호가하는 상류층의 장식품이 되었다.

이것이야 말로 장자의 정신이다. 쓸모없다고 생각하는 물건의 사용을 떠올려서 그것을 수익으로 창출했기 때문이다. 이것이야말로 진정한 블루오션이며, 새로운 창조의 개척지라고 볼 수 있다.

2013년에는 수원문화재단이 5일간 폐자재를 이용한 작품들을 선보였다. 연극제 주 행사장인 수원화성행궁 광장 주변에서 펼쳐지는 공공미술 프로젝트가 그것이다. 가볍게 버려지는 무미건조한 쓰레기들과 폐품(폐자동차, 폐

타이어, 폐가구, 고철 등)이 예술가의 손을 거쳐 재탄생했다.

무에서 유로 거듭난 폐품들은 더 이상 쓰레기가 아닌 탐나는 물건으로 시민들에게 특별한 기억을 남기게 해 주었다. 시민들은 수원시 화성사업소 옆 공터에 폐자재를 이용한 가구 및 소품으로 독특하게 꾸며진 공간에서 달콤한 즐거움을 만끽했다.

전시를 기획한 김연희 국민대학교 교수는 "거창하게 예술을 논하지 말자는 취지에서 전시를 마련했다."며 "작품으로 변신한 폐자재를 재발견할 수 있을 것이다."라고 말했다.

92

인광석
_쓸모없음에서 쓸모 있음으로

개똥도 약에 쓰려면 없다는 말이 있다. 하지만 새똥이 가치가 있다면 믿을 것인가?

나우루 공화국은 구아노(새똥)로 섬이 이루어졌고, 그 똥이 인광석이라는 자원으로 변해서 1980년대에는 1인당 국민소득 3만 달러를 넘어가는 부국이었다. 당시에는 미국은 물론, 최고의 경제 호황기였던 버블경제 시절 일본의 1인당 국민소득도 1만 달러대였다.

아무짝에도 쓸모없다고 생각하는 새똥이었지만 그것의 활용도를 찾아내자 나라 전체가 큰 부자가 된 것이다. 이것 역시 장자 철학을 바탕으로 생각해야 이룰 수 있는 부이다. 쓸모없어 보이는 것이 유용성을 찾아낸 것이기 때문이다.

나우루 공화국은 워낙 인구가 적었기 때문에(13,000

명) 부의 분배도 공평하게 나누어져 불만을 가지는 사람도 없었다고 한다. 오일머니를 훨씬 뛰어넘는 수준으로 전 국민이 모두 잘 살았다.

예를 들면 자가용 비행기를 타고 피지나 하와이, 싱가포르로 매일 같이 쇼핑을 하러 가고, 간선도로가 나라에 단 한 개로 그것도 길이 18km, 제한속도 40km/h짜리만 있어 고속도로가 없는 국가인데도 너도나도 람보르기니, 포르쉐 같은 고가의 자동차를 타고 다녔고, 그것도 두 대는 기본이었다. 그 좁은 섬에 여객기만 9대, 주유소는 29개나 있었고, 걸어 다니기 귀찮아 얼마 안 되는 거리도 차를 타고 다녔으며, 마트에서 쇼핑하기도 귀찮아서 차를 몰고 마트 앞에 가서 전화하면 종업원이 주문받은 물건을 들고 나왔다.

어찌 됐든 이들은 이렇게 생각 없이 돈을 탕진했고, 시간은 어김없이 흘러갔다. 한때는 부유했던 섬나라인 나우루 공화국은 인광석을 마구 써댄 탓에 지금은 최빈국이 되고 말았다. 그렇게 나우루 공화국은 자원 낭비의 저주의 예시가 되었다.

93

포스트잇
_실패에서 창조로

흔히 사용하는 포스트잇 역시 처음에는 접착력이 너무 약해서 접착제의 실패라고 불렸었다. 하지만 장자 철학으로 바라보자 그것의 쓰임새가 생겼다. 접착력이 약한 대신에 떼었다 붙였다 할 수 있는 것이었다.

이전까지는 그냥 종이를 사용했지만 그것은 뭔가 불편했다. 쉽게 책이나 다른 곳에 붙여서 사용할 수 있는 이 포스트잇은 엄청난 인기를 끌었고 인류의 최대 발명품으로 거듭났다.

이 제품은 약간의 우여곡절 끝에 나왔는데, 그 시작은 3M의 초강력 접착제 프로젝트였다. 수많은 시행착오 끝에 표면상태를 가리지 않고 어디에나 붙는 대단한 접착제가 탄생했다. 하지만 기쁨도 잠시, 그 대단하다고 칭해진 접착제는 그 위에 물건을 붙이자 이내 굳어버린 뒤

흘러내려 떨어져 버린다. 막대한 투자금이 아까워 이 물질의 활용을 모색했으나 결국 실패작으로 간주되었다.

이는 '아서 프라이'의 작품으로 재탄생된다. 그는 3M 소속 신제품 발명 연구원으로, 찬송가집에 책갈피로 사용한 것을 계기로 포스트잇의 활용법을 찾는다.

발상의 전환에 의해 종이에 바르면 종이를 이곳저곳에 붙였다 떼기 쉽고, 접착제도 안 남는 점에 주목하여 제품으로 만들어져 유명해지게 되었다.

포스트잇은 현재 제조 회사를 불문하고 사실상 '붙였다 뗐다 할 수 있는 메모지'를 가리키는 고유명사처럼 쓰이고 있다.

장자가 거듭해서 강조한 쓸모없는 것이 잘 쓰이는 예시인 것이다.

94

비아그라 _부작용에서 명약으로

비아그라는 1998년 미국 화이자 제약에서 개발하여 비아그라라는 상표명으로 출시되었다. 비아그라라고 하면 푸른색 마름모꼴의 알약 형태를 떠올리지만 복제약들은 가루약 형태로도 나오고 있다.

처음에는 심장질환 치료를 목적으로 개발된 약이었으나 임상실험 과정에서 정작 심장질환 치료 효과는 크지 않아 사장될 뻔 했다. 그런데 약물을 처방받은 환자에서 발기가 일어나는 예상치 못한 부작용이 나타났다.

개발자들은 모두 이 약은 실패라고 생각했다. 하지만 장자의 사고력을 가진 한 사람이 이것의 다른 쓰임새를 개발하자고 의견을 모았다. 이전에 살펴보지 않았던 발기 치료제 쪽으로 개발할 수 있겠다는 생각을 한 것이다. 그들은 연구를 하기 시작했고 결국 혁신적인 신약개발에 성공한다.

이후 엄청난 인기를 끌면서 '비아그라'라는 이름이 발기부전 치료제를 의미하는 대명사가 되었다. 화이자는 비아그라 약으로 미국 제약업체 매출 1위를 기록하고 일류의 제약업체로 거듭나게 된다.

95

표주박
_못생김에서 개성으로

박은 달을 바라보면서 항상 생각했다. 왜 나는 달님처럼 세상을 밝게 비추지 못할까. 달을 생각하면 박은 마음이 어둡고 답답해졌다. 자신은 왜 세상에서 쓰임 받을 수 없는지 늘 원망했다. 그러던 중 박은 달의 말을 들었다.

"너 자신이 쓸모 있게 되는 무언가를 찾아보렴."

박은 오랜 시간이 지나고 단단해졌고 자신의 쓰임새를 찾았다. 그것은 물을 담는 표주박이 된 것이다. 이제 박은 달을 부러워하지 않는다. 자신만의 쓰임새를 찾았기 때문이다.

이 이야기는 장자의 무용의 용을 보여준다. 사물에는 각자에 따른 쓰임새가 있다는 것으로 단순한 이야기가 아니라 각자의 개성을 살리고 자신만의 쓰임새를 찾아가는 지침이 될 수 있다.

96

엘리베이터의 거울 _지루함에서 유용함으로

한 빌딩의 엘리베이터가 느리다는 불평이 접수되었다. 사람들이 느린 엘리베이터를 참지 못했고 엘리베이터를 신식으로 바꾸어야 한다고 말했다. 하지만 문제는 공사비용이 많이 든다는 것이었다.

고심하던 관리인은 엘리베이터 벽에 거울을 설치했다. 사람들은 거울을 보면서 엘리베이터를 탔고 누구도 엘리베이터가 느리다고 불평하지 않았다.

이처럼 거울이 엘리베이터와 만나 그 쓰임이 유용해진 것처럼 모든 사물은 나름대로 그 쓰임새가 있다는 장자의 사상은 오늘날에도 많은 곳에서 활용되고 있다.

97

바퀴
_채움에서 비움으로

바퀴가 처음으로 사용되기 시작한 것은 기원전 4000년경으로서, 탈것에 부착된 것이 아니라 도공들이 사용하는 물레에 사용되었다.

바퀴 달린 탈것을 사용했다는 가장 오랜 기록은 기원전 3500년경 메소포타미아였다. 유사한 시기에 인도와 중국에서도 바퀴를 사용한 것으로 보인다. 이후, 바퀴는 빠른 속도로 북서 유럽으로 전파되었다. 처음에 바퀴 달린 탈것은 의식이나 행사를 위해 사용되었고, 곧 전쟁에 이용되었다. 바퀴 달린 탈것이 물건을 나르는 데 이용되기 시작한 것은 그로부터 약 1000년이 지난 이후부터였다.

최초의 바퀴는 통나무를 원반 모양으로 잘라내어 다듬은 형태이거나 3개의 널빤지를 서로 결합시켜 원형으로 깎은 형태였다. 처음의 바퀴는 가운데가 채워져 있었던 것이다. 하지만 이러한 바퀴는 오래 견디지 못하고 쉽게 부서졌으므로, 이를 강하게 만들기 위해서 얇은 나무나 구리로 만든 테를 둘러 사용하였다.

기원전 2000년경에는 바퀴 안을 채우지 않은 바퀴살이 달린 바퀴가 처음으로 나타나 이용되기 시작했다. 그래서 요즘의 바퀴는 모두 가운데가 비어 있다.

컵이 그 기능을 다하는 것은 그 가운데가 비어서 액체를 담을 수 있기 때문인 것처럼 "비우고 버리면 얻는다."는 장자의 사상이 녹아 있는 발견이라 할 수가 있다.

98

도넛 _완전함에서 덜어냄으로

기원에 대해서는 설이 다양하다. 과거 미국에 이민 온 네덜란드계 미국인들이 즐겨 먹은 음식이라는 설이 가장 신빙성 있다고 여겨진다.

실제 당시 네덜란드인들은 튀김 요리를 즐겨 먹었으며, 오늘날까지도 도넛 비슷한 튀긴 전통 빵들을 쉽게 볼 수 있다. 당시 조리법은 돼지기름에 밀가루 반죽을 동그랗게 말아 던져 넣었다가 건져낸 뒤 설탕에 굴렸다고 한다.

그런데 원조 네덜란드식은 구멍이 없고 한국의 찹쌀 도넛과 비슷한 모양이었다. 하지만 한 아이가 빵의 가운데가 설익은 것을 보고 포크로 가운데를 뚫었다. 그래서 탄생한 지금 모양의 도넛은 가운데가 설익지 않고 고르게 잘 구워졌다고 한다. 이것이 바로 도넛의 발명이다.

이것 역시 비어 있음의 중요성을 말하는 것으로 가운데가 비어져 있어서 더욱 유용한 것이 된 것이다.

99

자동차의 범퍼 _단단함에서 빈 공간으로

자동차가 부딪힐 때 운전자에게 가해지는 충격을 최대한 줄이기 위한 부품으로는 에어백과 범퍼 등이 있는데, 이 중 범퍼는 의도적으로 무르게 만들어 충격을 흡수해 주는 부품이다.

시대와 차종에 따라 조금씩 다르지만 현재 대부분의 승용차는 흔히 '범퍼 레일'이라고 부르는 철제 리인포스먼트와 우레탄이나 스티로폼 등으로 이루어진 완충재, 그리고 외관을 덮는 범퍼 커버로 이루어진다. 범퍼 레일은 차대 프레임과 연결되는 범퍼의 뼈대이고 상대적으로 무른 완충재와 플라스틱 커버가 충돌 시 충격을 흡수한다.

자동차의 범퍼 부분은 공간이 채워져 있지 않다. 공간이 채워져 있으면서 더 단단할 것 같지만 그렇지 않다. 자동차의 범퍼에 사물이 부딪히면 범퍼가 찌그러지면서 충격을 분산하기 때문이다. 만일 공간이 채워져 있다면 그대로 충격이 탑승자에게 전달되어 큰 부상을 입을 수도 있다. 비어 있는 공간이 오히려 유용하게 쓰이는 한 사례이다.

100

새들의 뼈 _날 수 없음에서 날 수 있음으로

새들이 날 수 있는 이유는 뼈가 비어 있기 때문이라고 한다. 뼈가 비어 있기에 무게를 줄일 수 있고 그 줄인 무게로 하늘을 날 수 있는 것이다.

대부분의 사람들은 채워져 있는 것을 좋아하지만 차 있기에 단점이 될 수도 있고 비어 있기에 장점이 될 수도 있는 것이다.

학교에서의 쉬는 시간은 비어 있는 시간이다. 수업시간이 아니라서 쓸모없는 시간이라고 볼 수도 있지만 잠시 휴식을 갖고 재정비할 수 있는 가장 중요한 시간이라고도 할 수 있다. 이렇듯 장자의 비움 철학은 날 수 없는 생물을 날 수 있게 하는 진화론의 설명까지, 21세기를 살아가는 우리에게 많은 통찰을 준다.

저는 이 책을 통해 결론을 내리고자 한 것은 아닙니다. 모든 고전이 그렇듯이 그 책들은 모두 결론을 내리는 글은 아니라고 생각합니다. 같이 생각하기를 권하는 것입니다.

이 책을 읽으며 성공과 실패, 부와 가난, 선과 악 등에 대해서 이 시대에 어떤 것이 옳은 것인가를 생각해 보기로 한 것입니다. 장자가 살던 시대에도 했던 고민이 지금 이 시대에 와서도 계속되는 것입니다.

하지만 우리는 오랜 옛 성인들의 흔적이 책으로 남았기에 그 책들을 보면서 조심조심 올바른 길을 걸어갈 수 있는 것입니다.

자연으로 돌아가자는 것은 언뜻 패배자처럼 보이지만 과학 문명이 인류 전체를 파괴할 수 있는 현대에 비추자면 인류를 생존시키고 발전시키는 지혜로도 볼 수 있는 것입니다. 이 책을 통해 그런 생각들을 해 보았으면 합니다.

최근의 코로나 사태로 세계 안팎이 힘든 시절입니다. 이번 코로나 사태는 엄연한 자연의 복수입니다. 서구의 이성 중심의 문화는 과학을 발달시켜 인류를 발전시켰으나 그와 더불어 자연을 파괴하면서 이미 지구의 생태 시스템은 무너진 상태입니다. 문제는 이와 같은 환경문제가 앞으로도 지속될 것이라는 예상입니다.

그런 점에서 장자의 사상은 무려 2300년 전의 사상임에도 불구하고 얼마나 인류의 평화와 삶의 행복과 맞닿아 있는가를 알 수 있습니다.

자연으로 돌아가 인위를 버리고 자연의 본성에 순응할 때 진정한 도로 나라가 다스려지고 백성들도 행복하게 살 수 있다는 장자의 가르침이 이런 시대적 상황에 더욱 다가오는 것이 아닐까요.

모쪼록 지구를 살아가는 사람들이 더 이상의 파괴적인 시스템에서 벗어나 자연과 합일하는 그런 세계로의 변화가 오기를 바라봅니다.

장자의 비움 공부

비움을 알아간다는 것

초판 1쇄 발행 2021년 1월 4일
초판 2쇄 발행 2021년 2월 1일

지은이 | **조희**
기획 편집 총괄 | **호혜정**
편집 | **이지영**
기획 | **이다현 김민아**
표지·본문 디자인 | **이선영**
교정교열 | **호혜정 김수정**
마케팅 | **최미남 김태현**
펴낸곳 | **리텍 콘텐츠**
주소 | **서울시 용산구 원효로 162 세원빌딩 606호**
전화 | **02-2051-0311**　　팩스 | **02-6280-0371**
이 메 일 | **ritec1@naver.com**
홈페이지 | **http://www.ritec.co.kr**
페이스북 | 블로그 | 카카오스토리채널 | **[책속의 처세]**
ISBN | **ISBN 979-11-86151-43-3 (03190)**

· 이 도서의 국립중앙도서관 출판예정도서목록(CIP)은 서지정보유통지원시스템 홈페이지(http://seoji.nl.go.kr)와 국가자료종합목록 구축시스템(http://kolis-net.nl.go.kr)에서 이용하실 수 있습니다.
(CIP제어번호: CIP2020050590)